Edición Bilingüe
Español & Inglés

Tea Party News:

Following the 21St Century Social & Fiscal Conservative Movement
Volume I, Series I

Noticias de Tea Party:

Tras el Siglo 21
Movimiento Conservador
Social y Fiscal
Volumen I, Serie I

Tea Party News Brief, LLC

5550 Wild Rose Lane, Suite 400
West Des Moines, Iowa 50266
(515) 661-6351

news@teapartynewsbrief.com

DEDICATION

Rev. Dr. Jessica J. Davis
M.Div., J.D., D.Min., A.B.D.

President & Founder
Tea Party News Brief, LLC

Executive Producer
Tea Party News Brief Animated Series

Publisher
Tea Party News Brief Book Series

Developer
Tea Party News Brief Mobile Applications

DEDICATORIA

Rev. Dr. Jessica J. Davis
M.Div., J.D., D.Min., A.B.D.

Presidente y Fundador
Resumen de Noticias del Tea Party

Productor Ejecutivo
Resumen de Noticias del Tea Party
Series Animadas

Editor
Resumen de Noticias del Tea Party
Series de Libros

Desarrollador
Aplicaciones móviles del Resumen de
Noticias del Tea Party

CONTENTS

Acknowledgments

CONTENIDO

Acknowledgments

ACKNOWLEDGMENTS

www.TeaPartyNewsBrief.com

www.Twitter.com/TPNewsBrief

www.USDebtWarningSystem.com

www.WhiteHouse.gov

www.CC.org

www.Democrats.com

www.GOP.com

www.Twitter.com/cspan

www.Twitter.com/thecaucus

www.Twitter.com/nprnews

www.Twitter.com/HuffPostPol

www.Twitter.com/GovMikeHuckabee

www.Twitter.com/thehill

www.Twitter.com/washingtonweek

www.Twitter.com/newtgingrich

www.Twitter.com/rollcallpols

www.Twitter.com/SpeakerBoehner

www.Twitter.com/politico

www.Twitter.com/BarackObama

www.Twitter.com/SarahPalinUSA

www.Twitter.com/BreakingNews

www.Twitter.com/CBSNews

www.Twitter.com/ABC

www.Twitter.com/FoxNews

www.Twitter.com/CNN

www.Twitter.com/BBCWorld

www.Twitter.com/CNNbrk

www.Twitter.com/todayshow

www.Twitter.com/nytimes

www.Twitter.com/washingtonpost

www.Twitter.com/nightline

www.Twitter.com/TIME

www.Twitter.com/WSJ

www.Twitter.com/OurCountryPac

www.Twitter.com/LibertyProject

www.Twitter.com/TPPatriots

www.Twitter.com/TeaPartyPatriot

www.Twitter.com/RacineTEAParty

www.Twitter.com/teapartynews

www.Twitter.com/TaxDayTeaParty

www.Twitter.com/BostonTeaParty

www.Twitter.com/HuffingtonPost

www.Twitter.com/AP

www.Twitter.com/Newsweek

www.Twitter.com/NewsHour

www.Twitter.com/GMA

www.Twitter.com/Reuters

www.Twitter.com/PBS

www.Twitter.com/Markknoller

www.Twitter.com/BBCBreaking

www.Twitter.com/ABCWorldNews

www.Twitter.com/camanpour

www.Twitter.com/politifact

www.Archives.gov

TEA PARTY NEWS

NOTICIAS DE TEA PARTY

CHAPTER ONE
112TH STATE OF UNION ADDRESS

Welcome to the Tea Party News Brief, the first nonpartisan news service for the Tea Party Movement. We have just finished listening to President Obama's State of the Union Address and the Republican Response by the House Representative Paul Ryan of Wisconsin. President Barack Obama declared the State of the Union is strong. However, both the President and Representative Paul Ryan sounded the same alarm of deficit spending. Both the Address and Response reminded us that we must change our course now or America will no longer be the place where dreams can come true.

The President believes America has regained her standing in the global community during the last two years, and this has positively impacted both global and domestic policies. However, the President believes the only way we will continue making these needed gains is through innovations undergirded with access to Higher Education. Congress will need to work in an aggressive bipartisan fashion in order to make the needed changes to turn slowly the cruise ship we call America. As President Obama proposed a five year freeze on domestic spending, we could hear a pin drop. This freeze would realize billions of dollars in savings in the budget. The silence in the room foreshadows the challenging days ahead.

From the Tea Party perspective, the President responded to several core beliefs. First, President Obama called for the end of deficit spending, a core belief of the Tea Party. He called for new immigration legislation for undocumented workers and their children. New immigration legislation will be an area of strong debate in the coming days. The issue at the center of this debate is restoring the integrity of U.S. Immigration Laws. He said he will veto bills with earmarks, another core belief of the Tea Party. The President also called for the reduction in personal and business income taxes. He stated that we should have reduced the highest corporate income taxes in the world twenty-five years ago. And finally, the President says we must merge and consolidate the government. Another core belief of the Tea Party is to do away with big and intrusive government. The proof will be in the pudding, however. Each party must be held accountable by the American people during every local, state and national election.

As we came to the end of the State of the Union Address, the question on all of our minds, "Will the 112th Congress be able to work together in a bipartisan fashion to turn the cruise ship around before it is too late?" God bless America and God bless the American people.

Submitted by
Dr. Jessica Davis
President & Senior Political Analyst
Tea Party News Brief, LLC
www.TeaPartyNewsBrief.com

CAPÍTULO UNO
112 ° INFORME DEL ESTADO DE LA NACIÓN

Bienvenido al Resumen de Noticias del Tea Party, el primer servicio de noticias no partidario del movimiento del Tea Party. Acabamos de escuchar el Informe del Estado de la Nación del Presidente Obama y la respuesta republicana brindada por el representante Paul Ryan de Wisconsin. El presidente Barack Obama declaró que es fuerte el estado de la Unión. Sin embargo, tanto el Presidente como el representante Paul Ryan hicieron sonar la misma alarma relativa al gasto deficitario. Tanto el Informe como la Respuesta nos recuerdan que debemos cambiar de rumbo ahora o de lo contrario América ya no será el lugar donde los sueños pueden hacerse realidad.

El Presidente considera que los Estados Unidos han recuperado su posición en la comunidad mundial durante los últimos dos años, y que esto ha tenido un impacto positivo tanto en las políticas mundiales como en las nacionales. No obstante, el presidente considera que la única manera de continuar alcanzando estos necesarios logros es a través de innovaciones sustentadas en el acceso a la educación superior. El Congreso tendrá que trabajar de manera profundamente bipartidista con el fin de realizar lo necesario para cambiar suavemente el rumbo de este crucero al que denominamos América. Cuando el presidente Obama proponía congelar por cinco años en el gasto interno, no se oyó ni una mosca. Esta congelación significaría miles de millones de dólares de ahorro en el presupuesto. El silencio en la sala anunciaba los difíciles días por venir.

Desde la perspectiva del Tea Party, el Presidente respondió a varias creencias básicas. En primer lugar, el presidente Obama pidió por el fin de gasto deficitario, una idea central del Tea Party. Solicitó una nueva legislación migratoria para los trabajadores indocumentados y sus hijos. La nueva legislación migratoria será un tema de fuerte debate en los próximos días. Esta cuestión en el centro del debate está restaurando la integridad de las leyes norteamericanas de inmigración. Dijo que habrá de vetar los proyectos de ley con asignaciones, otro principio básico del Tea Party. El presidente también abogó por la reducción de los impuestos sobre la renta personal y empresarial. Señaló que en los últimos 25 años se deberían haber reducido los impuestos más altos sobre la renta corporativa en todo el mundo. Y, por último, el Presidente dice que tenemos que fusionar y consolidar el gobierno. Otra creencia básica del Tea Party es acabar con un gobierno grande e intervencionista. Sin embargo, la prueba de ello deberá estar sobre la mesa. Cada partido debe hacerse responsable del pueblo de los Estados Unidos durante cada elección local, estatal y nacional.

Llegando al final del Informe del Estado de la Nación, la pregunta que quedó en nuestras mentes fue: "¿Podrá el 112° Congreso trabajar coordinadamente de una manera bipartidista para cambiar el rumbo de este crucero antes de que sea demasiado tarde?" Dios bendiga a los Estados Unidos y al pueblo estadounidense.

Presentado por:
Dra. Jessica Davis
Presidente y Analista Política Senior
Resumen de Noticias del Tea Party
wwww.TeaPartyNewsBrief.com

CHAPTER TWO
U.S. DEBT CEILING

@TPNewsBrief: Federal Debt Ceiling Bill Fails

House of Representatives' debt ceiling bill fails with a 97-318 vote.

Submitted by Tea Party News Brief, LLC, 31 May 2011

@TPNewsBrief: Republican Speaker Boehner Wants Spending Cuts

Republican Speaker of House Boehner: We want spending cuts along with a plan to raise the debt limit to $16.7 trillion.

Submitted by Tea Party News Brief, LLC, 31 May 2011

@TPNewsBrief: House Votes Down Federal Debt Ceiling

House votes down a bill to raise the federal debt ceiling by $2.4 trillion. No Republican supported the bill.

Submitted by Tea Party News Brief, LLC, 31 May 2011

@TPNewsBrief: House Votes on Debt Ceiling

The House is scheduled to vote on raising the debt ceiling this week.

Submitted by Tea Party News Brief, LLC, 31 May 2011

@TPNewsBrief: Republican Paul Ryan Speaks on Debt Ceiling

Paul Ryan: President Obama wants to increase debt ceiling by 2 trillion. We need to decrease spending as well. We need a decision by August.

Submitted by Tea Party News Brief, LLC, 22 May 2011

@TPNewsBrief: Treasury Department Announces U.S. Reaches $14.3 Trillion Debt Ceiling

Treasury Department: $14.3 trillion borrowing reaches the ceiling limit on Monday, May 16, 2011. Dept. can hold off default until August 2, 2011.

Submitted by Tea Party News Brief, LLC, 15 May 2011

@TPNewsBrief: President Obama Urges Republicans Not to Link Debt to Spending

President Obama: Republicans should not link the debt ceiling decision to spending cuts. No decision could unravel the entire financial system.

Submitted by Tea Party News Brief, LLC, 15 May 2011

@TPNewsBrief: The $14.3 Trillion U.S. Debt Will Reach Ceiling Next Week

The debt ceiling of 14.3 trillion will be reached next week. What will we do? Will Congress go on vacation without a decision?

Submitted by Tea Party News Brief, LLC, 14 May 2011

@TPNewsBrief: Republican House Speaker Boehner Speaks on Debt Ceiling

Speaker of House Boehner: It is irresponsible not to raise debt ceiling.

Submitted by Tea Party News Brief, LLC, 10 May 2011

CAPÍTULO DOS
TECHO DE LA DEUDA DE EE.UU.

@TPNewsBrief: Fracasó el proyecto de Ley de Techo de la Deuda Federal

Fracasó en la Cámara de Representantes el Proyecto de Ley de Techo de la Deuda, con una votación de 97 a 318.

Enviado por Resumen de Noticias del Tea Party, LLC, 31 de mayo de 2011

@TPNewsBrief: El presidente republicano Boehner quiere recortes en el gasto

Boehner, presidente republicano de la Cámara, señaló: Queremos recortes de gastos junto con un plan para elevar el límite de la deuda a $ 16,700 billones de dólares.

Enviado por Resumen de Noticias del Tea Party, LLC, 31 de mayo de 2011

@TPNewsBrief: La Cámara rechazó el Techo para la Deuda Federal

La cámara votó en contra de un proyecto de ley para elevar el techo de la deuda federal en $ 2,4 billones de dólares. Ningún republicano apoyó el proyecto.

Enviado por Resumen de Noticias del Tea Party, LLC, 31 de mayo de 2011

@TPNewsBrief: La Cámara vota sobre el Techo de la Deuda

La Cámara tiene prevista esta semana la votación para elevar el techo de la deuda.

Enviado por Resumen de Noticias del Tea Party, LLC, 31 de mayo de 2011

@TPNewsBrief: El republicano Paul Ryan habla sobre el Techo de la Deuda

Paul Ryan: El Presidente Obama quiere aumentar el techo de la deuda en 2 billones de dólares. También tenemos que disminuir el gasto. Necesitamos una decisión para agosto.

Enviado por Resumen de Noticias del Tea Party, LLC, 22 de mayo de 2011

@TPNewsBrief: El Departamento del Tesoro de EE.UU. informó que el techo de la deuda llegó a $ 14,3 billones

Departamento del Tesoro: El lunes 16 de mayo de 2011, los préstamos alcanzaron el techo máximo de $ 14,3 billones. El Dept. puede mantenerse fuera del default hasta el 2 de agosto de 2011.

Enviado por Resumen de Noticias del Tea Party, LLC, 15 de mayo de 2011

@TPNewsBrief: El Presidente Obama insta a los republicanos a no vincular el gasto con la deuda

Presidente Obama: Los republicanos no deberían vincular la decisión sobre el techo de la deuda con los recortes de gastos. Ninguna decisión podría desenmarañar todo el sistema financiero.

Enviado por Resumen de Noticias del Tea Party, LLC, 15 de mayo de 2011

@TPNewsBrief: La semana próxima EEUU alcanzará el techo de deuda de $ 14,3 billones

El techo de la deuda de 14,3 billones será alcanzado la semana próxima. ¿Qué vamos a hacer? ¿El Congreso se irá de vacaciones sin una decisión?

Enviado por Resumen de Noticias del Tea Party, LLC, 14 de mayo de 2011

@TPNewsBrief: El presidente republicano de la Cámara, Boehner, habla sobre el techo de la deuda

Boehner, Presidente de la Cámara: Es una irresponsabilidad no incrementar el techo de la deuda.

Enviado por Resumen de Noticias del Tea Party, LLC, 10 de mayo de 2011

CHAPTER THREE
2012 PRESIDENTIAL CANDIDATES

@TPNewsBrief: Republican Sarah Palin's Bus Tour in Philadelphia

Republican Sarah Palin's "One Nation" bus tour stopped in Philadelphia today. She now heads to New York.

Submitted by Tea Party News Brief, LLC, 31 May 2011

@TPNewsBrief: Republican Sarah Palin Bus Tour in D.C.

Sarah Palin: Her "One Nation" bus tour is scheduled to stop in Philadelphia, PA. today after stopping in MD/DC area Memorial Day weekend.

Submitted by Tea Party News Brief, LLC, 31 May 2011

@TPNewsBrief: Republican Texas Governor Rick Perry

Republican Texas Governor Rick Perry said Friday he will consider running in the 2012 presidential race.

Submitted by Tea Party News Brief, LLC, 28 May 2011

@TPNewsBrief: Republican Minnesota Congresswoman Michele Bachman

Republican Minnesota Congresswoman Michele Bachman to announce her 2012 presidential race decision in Waterloo, her Iowa birthplace, in June.

Submitted by Tea Party News Brief, LLC, 27 May 2011

@TPNewsBrief: Republican 2008 Vice President Nominee Sarah Palin

Republican 2008 Vice President Nominee Sarah Palin: I still have the fire in my belly.

Submitted by Tea Party News Brief, LLC, 27 May 2011

@TPNewsBrief: Republican Sarah Palin Launches Bus Tour

Republican Sarah Palin, 2008 VP nominee, to launch a national bus tour with New Hampshire as one of her early stops. What does this mean?

Submitted by Tea Party News Brief, LLC, 26 May 2011

@TPNewsBrief: Republican Mitt Romney 2012 Presidential Run

Republican Mitt Romney to announce officially 2012 presidential run on Thursday, June 2, in New Hampshire.

Submitted by Tea Party News Brief, LLC, 26 May 2011

@TPNewsBrief: Republican Tim Pawlenty 2012 Presidential Run

Republican Tim Pawlenty, Minnesota Governor from 2003-11, announces the launch of his presidential campaign in Des Moines, Iowa today.

Submitted by Tea Party News Brief, LLC, 23 May 2011

@TPNewsBrief: Herman Cain on God, Citizens and Nation

2012 presidential candidate Herman Cain (R): My parents taught me three values-belief in God, belief in ourselves, and belief in our nation.

Submitted by Tea Party News Brief, LLC, 23 May 2011

@TPNewsBrief: Republican Herman Cain 2012 Presidential Run

Herman Cain launches 2012 presidential campaign in front of 15,000 supporters in Atlanta, Ga., on Saturday.

Submitted by Tea Party News Brief, LLC, 23 May 2011

@TPNewsBrief: New Hampshire Presidential Primary

New Hampshire will hold the first presidential primary in February 2012.

Submitted by Tea Party News Brief, LLC, 23 May 2011

@TPNewsBrief: Republican Jon Huntsman Consider Presidential Run

Republican Jon Huntsman, Obama's U.S. Ambassador to China from 2009-2011, visits New Hampshire on Sunday considering a 2012 presidential run.

Submitted by Tea Party News Brief, LLC, 23 May 2011

@TPNewsBrief: Republican Mitch Daniels

Republican Mitch Daniels decides not run for president in 2012.

Submitted by Tea Party News Brief, LLC, 22 May 2011

@TPNewsBrief: Republican Tim Pawlenty to Announce Presidential Run

Republican Tim Pawlenty announces 2012 presidential run.

Submitted by Tea Party News Brief, LLC, 22 May 2011

@TPNewsBrief: Republican Herman Cain to Announce 2012 Presidential Run

Republican Herman Cain to announce 2012 presidential run on Saturday in Atlanta, GA.

Submitted by Tea Party News Brief, LLC, 21 May 2011

@TPNewsBrief: Republican Minnesota Governor Pawlenty to Announce Presidential Run

Former Minnesota Republican Governor Tim Pawlenty to announce on Monday a 2012 run for president.

Submitted by Tea Party News Brief, LLC, 21 May 2011

@TPNewsBrief: Republican Donald Trump Decides Against 2012 Presidential Race

Republican businessman Donald Trump decides not to enter the 2012 presidential race. He signs new multimillion dollar contract for his reality show.

Submitted by Tea Party News Brief, LLC, 17 May 2011

@TPNewsBrief: Republican Mike Huckabee Decides Against 2012 Presidential Run

Republican Mike Huckabee decides not to enter the 2012 presidential race. Will we see him 2016?

Submitted by Tea Party News Brief, LLC, 14 May 2011

@TPNewsBrief: Republican Mike Huckabee to Announce Presidential Run Decision

Republican Mike Huckabee to announce the decision on whether to run for president on his show, "Huckabee," at 8PM EST tonight on Fox News.

Submitted by Tea Party News Brief, LLC, 14 May 2011

@TPNewsBrief: Republicans Gingrich and Paul Announce 2012 Presidential Run

Newt Gingrich and Ron Paul announce 2012 Republican presidential run this week.

Submitted by Tea Party News Brief, LLC, 13 May 2011

@TPNewsBrief: Republican Mike Huckabee to Announce Presidential Decision on Fox Show

Mike Huckabee to announce 2012 presidential decision to more than a million viewers on his Saturday Fox show.

Submitted by Tea Party News Brief, LLC, 13 May 2011

@TPNewsBrief: Republican Herman Cain Prepares for 2012 Presidential Run

Businessman Herman Cain is preparing for 2012 Republican presidential run.

Submitted by Tea Party News Brief, LLC, 9 May 2011

@TPNewsBrief: Republican Newt Gingrich to Announce Presidential Run Decision

Newt Gingrich may announce Republican presidential run on Wednesday.

Submitted by Tea Party News Brief, LLC, 9 May 2011

CAPÍTULO TRES
CANDIDATOS PRESIDENCIALES 2012

@TPNewsBrief: Bus Tour de la republicana Sarah Palin en Filadelfia

El Bus "Una Nación" de la republicana Sarah Palin se detuvo hoy en Filadelfia. Ahora se dirige hacia Nueva York.

Enviado por Resumen de Noticias del Tea Party, LLC, 31 de mayo de 2011

@TPNewsBrief: El Bus Tour de la republicana Sarah Palin en Washington DC

Sarah Palin: Su gira en bus "Una Nación" tiene programado detenerse hoy en Filadelfia, PA, luego de haber estado en MD/DC el fin de semana del Memorial Day.

Enviado por Resumen de Noticias del Tea Party, LLC, 31 de mayo de 2011

@TPNewsBrief: **Rick Pergy, Gobernador republicano de Texas**

El gobernador republicano de Texas, Rick Perry, dijo el viernes que analiza postularse a la carrera presidencial 2012.

Enviado por Resumen de Noticias del Tea Party, LLC, 28 de mayo de 2011

@TPNewsBrief: **Michele Bachman, congresista republicana de Minnesota**

Michele Bachman, congresista republicana de Minnesota, anunciará en junio en Waterloo, Iowa -su lugar de nacimiento-, su decisión de participar en la carrera presidencial 2012.

Enviado por Resumen de Noticias del Tea Party, LLC, 27 de mayo de 2011

@TPNewsBrief: **Sarah Palin, candidata a vicepresidente republicana en 2008**

Sarah Palin, candidata republicana a vicepresidente en 2008: Todavía tengo el fuego en mi vientre.

Enviado por Resumen de Noticias del Tea Party, LLC, 27 de mayo de 2011

@TPNewsBrief: La republicana Sarah Palin lanza el Bus Tour

La republicana Sarah Palin, candidata a vice en 2008, lanzará un Bus Tour nacional con New Hampshire como una de sus primeras paradas. ¿Qué significa esto?

Enviado por Resumen de Noticias del Tea Party, LLC, 26 de mayo de 2011

@TPNewsBrief: Campaña presidencial del republicano Mitt Romney

El jueves 2 de junio el republicano Mitt Romney anunciará oficialmente en Nueva Hampshire su campaña presidencial 2012.

Enviado por Resumen de Noticias del Tea Party, LLC, 26 de mayo de 2011

@TPNewsBrief: Candidatura presidencial 2012 del republicano Tim Pawlenty

El republicano Tim Pawlenty, gobernador de Minnesota entre 2003 y 2011, anunciará hoy el lanzamiento de su campaña electoral en Des Moines, Iowa.

Enviado por Resumen de Noticias del Tea Party, LLC, 23 de mayo de 2011

@TPNewsBrief: Herman Cain sobre Dios, los ciudadanos y la Nación

Herman Cain, candidato presidencial 2012 (R): Mis padres me enseñaron tres valores: Creer en Dios, creer en nosotros mismos, y creer en nuestra Nación.

Enviado por Resumen de Noticias del Tea Party, LLC, 23 de mayo de 2011

@TPNewsBrief: Campaña presidencial 2012 del republicano Herman Cain

Herman Cain lanzó el sábado su campaña presidencial 2012 frente a 15 mil partidarios en Atlanta, Georgia.

Enviado por Resumen de Noticias del Tea Party, LLC, 23 de mayo de 2011

@TPNewsBrief: Primaria Presidencial de New Hampshire

Nueva Hampshire albergará las primeras primarias presidenciales en febrero de 2012.

Enviado por Resumen de Noticias del Tea Party, LLC, 23 de mayo de 2011

@TPNewsBrief: El republicano Jon Huntsman evalúa su candidatura presidencial

El republicano Jon Huntsman, embajador norteamericano de Obama en China entre 2009 y 2011, visitará New Hampshire el domingo evaluando lanzarse a la carrera presidencial 2012.

Enviado por Resumen de Noticias del Tea Party, LLC, 23 de mayo de 2011

@TPNewsBrief: El republicano Mitch Daniels

El republicano Mitch Daniels decide no postularse a la presidencia en 2012.

Enviado por Resumen de Noticias del Tea Party, LLC, 22 de mayo de 2011

@TPNewsBrief: El republicano Tim Pawlenty anunciará su candidatura a la presidencia

El republicano Tim Pawlenty anuncia su candidatura a la presidencia 2012.

Enviado por Resumen de Noticias del Tea Party, LLC, 22 de mayo de 2011

@TPNewsBrief: El republicano Herman Cain anunciará su campaña presidencial 2012

El republicano Herman Cain anunciará este sábado en Atlanta, GA, su candidatura presidencial 2012

Enviado por Resumen de Noticias del Tea Party, LLC, 21 de mayo de 2011

@TPNewsBrief: Pawlenty, gobernador republicano de Minnesota, anunciará su candidatura a la presidencia

El ex gobernador republicano de Minnesota Tim Pawlenty anunciará el lunes su carrera a la presidencia 2012.

Enviado por Resumen de Noticias del Tea Party, LLC, 21 de mayo de 2011

@TPNewsBrief: El republicano Donald Trump decide no ingresar en la carrera presidencial 2012

El empresario republicano Donald Trump decidió no participar de la carrera presidencial 2012. Firmó un nuevo contrato multimillonario para su *reality show*.

Enviado por Resumen de Noticias del Tea Party, LLC, 17 de mayo de 2011

@TPNewsBrief: El republicano Mike Huckabee se pronuncia en contra de lanzar su candidatura presidencial 2012

El republicano Mike Huckabee decidió no ingresar en la carrera presidencial 2012. ¿Lo veremos en 2016?

Enviado por Resumen de Noticias del Tea Party, LLC, 14 de mayo de 2011

@TPNewsBrief: El republicano Mike Huckabee anunciará su decisión sobre la candidatura a la presidencia

El republicano Mike Huckabee anunciará en su programa "Huckabee", a las 8 PM EST esta noche en Fox News, su decisión sobre si será o no candidato a presidente.

Enviado por Resumen de Noticias del Tea Party, LLC, 14 de mayo de 2011

@TPNewsBrief: Los republicanos Gingrich y Paul anunciarán su campaña presidencial 2012

Newt Gingrich y Ron Paul anunciarán sus candidaturas presidenciales republicanas para 2012 esta semana.

Enviado por Resumen de Noticias del Tea Party, LLC, 13 de mayo de 2011

@TPNewsBrief: El republicano Mike Huckabee anunciará su decisión presidencial de en FoxShow

Mike Huckabee anunciará frente a más de un millón de espectadores en su programa de Fox Sábado su decisión presidencial para 2012.

Enviado por Resumen de Noticias del Tea Party, LLC, 13 de mayo de 2011

@TPNewsBrief: El republicano Herman Cain se prepara para la campaña presidencial 2012

El empresario Herman Cain se está preparando para la campaña presidencial republicana 2012.

Enviado por Resumen de Noticias del Tea Party, LLC, 09 de mayo de 2011

@TPNewsBrief: El republicano Newt Gingrich anunciará su decisión acerca de la candidatura a la presidencia

Este miércoles, Newt Gingrich podría anunciar su candidatura presidencial.

Enviado por Resumen de Noticias del Tea Party, LLC, 09 de mayo de 2011

CHAPTER FOUR
OSAMA BIN LADEN

@TPNewsBrief: President Obama and Osama bin Laden's Death

President Obama: I am sobered by the fact that my orders may result in death. It comes with the job.

Submitted by Tea Party News Brief, LLC, 8 May 2011

@TPNewsBrief: President Obama Rates the Capture of Osama bin Laden

President Obama: "Job well done."

Submitted by Tea Party News Brief, LLC, 8 May 2011

@TPNewsBrief: President Obama Speaks on Intelligence from Osama bin Laden Compound

President Obama: We anticipate getting leads and plots from the intelligence.

Submitted by Tea Party News Brief, LLC, 8 May 2011

@TPNewsBrief: President Obama Speaks on New Osama bin Laden Intelligence

President Obama: We have intelligence.

Submitted by Tea Party News Brief, LLC, 8 May 2011

@TPNewsBrief: President Obama Speaks on the U.S. and Pakistan

President Obama: Pakistan has been a partner.

Submitted by Tea Party News Brief, LLC, 8 May 2011

@TPNewsBrief: President Obama Speaks on Osama bin Laden

President Obama: "We got him."

Submitted by Tea Party News Brief, LLC, 8 May 201

@TPNewsBrief: President Obama Speaks on Decision not to Show Pictures of Osama bin Laden

President Obama: No need to circulate graphic pictures. Not who we are as a nation to show pictures as a trophy.

Submitted by Tea Party News Brief, LLC, 8 May 2011

@TPNewsBrief: President Obama Verifies the Identity of Osama bin Laden

President Obama: Facial analysis was done initially and then DNA testing.

Submitted by Tea Party News Brief, LLC, 8 May 2011

@TPNewsBrief: President Obama Follows the Capture of Osama bin Laden in the Situation Room

President Obama: In Situation Room-"It was tense."

Submitted by Tea Party News Brief, LLC, 8 May 2011

@TPNewsBrief: Osama bin Laden Hides in the Open in Pakistan

Strategy of war: Hide in the open.

Submitted by Tea Party News Brief, LLC, 8 May 2011

@TPNewsBrief: President Obama Comments on His Many Responsibilities

President Obama: A president is required to do multiple things at once.

Submitted by Tea Party News Brief, LLC, 8 May 2011

@TPNewsBrief: President Obama Makes Decision to Capture Osama bin Laden

President Obama: "Made the decision Thursday night."

Submitted by Tea Party News Brief, LLC, 8 May 2011

@TPNewsBrief: President Obama Comments on Intelligence to Capture Osama bin Laden

President Obama: "I concluded it was worth it."

Submitted by Tea Party News Brief, LLC, 8 May 2011

@TPNewsBrief: President Obama's Risks of Capturing Osama bin Laden in Pakistan

President Obama: There were geopolitical risks.

Submitted by Tea Party News Brief, LLC, 8 May 2011

@TPNewsBrief: President Obama Weighs the Human Cost of Capturing Osama bin Laden

President Obama: Can we get our guys out if something happens?

Submitted by Tea Party News Brief, LLC, 8 May 2011

@TPNewsBrief: President Obama Comments on Osama bin Laden's Complex in Pakistan

President Obama: The irony that he was not living in cave but million dollar complex for several years.

Submitted by Tea Party News Brief, LLC, 8 May 2011

@TPNewsBrief: President Obama Received Intelligence on Location of Osama bin Laden

President Obama: They came to me last year with evidence on bin Laden.

Submitted by Tea Party News Brief, LLC, 8 May 2011

@TPNewsBrief: President Obama Speaks on His Motivation to Pursue Osama bin Laden

President Obama: "If I ever get a shot at bin Laden, I will take it"

Submitted by Tea Party News Brief, LLC, 8 May 2011

@TPNewsBrief: President Obama to Appear on 60 Minutes to Discuss Osama bin Laden

Tonight on "60 Minutes"-President Obama, 7 PM EST.

Submitted by Tea Party News Brief, LLC, 8 May 2011

@TPNewsBrief: White House Press Conference on Osama bin Laden

President Obama to speak at 11:30 PM EST on Osama bin Laden.

Submitted by Tea Party News Brief, LLC, 1 May 2011

@TPNewsBrief: DNA Test Confirms Body of Osama bin Laden

U.S. in possession of the dead body of Osama bin Laden confirmed by DNA test.

Submitted by Tea Party News Brief, LLC, 1 May 2011

@TPNewsBrief: Osama bin Laden is Dead

Osama bin Laden is dead.

Submitted by Tea Party News Brief, LLC, 1 May 2011

@TPNewsBrief: White House to Make National Security Announcement

President Obama to make national security related announcement at 10:30 PM EST.

Submitted by Tea Party News Brief, LLC, 1 May 2011

@TPNewsBrief: President Obama Has Unexpected Announcement

White House says President Obama to make an unexpected statement at 10:30 PM EST.

Submitted by Tea Party News Brief, LLC, 1 May 2011

CAPÍTULO CUATRO
OSAMA BIN LADEN

@TPNewsBrief: El presidente Obama y la muerte de Osama bin Laden

Presidente Obama: Estoy impactado por el hecho de que mis órdenes pueden producir la muerte. Viene con el trabajo.

Enviado por Resumen de Noticias del Tea Party, LLC, 08 de mayo de 2011

@TPNewsBrief: El Presidente Obama califica la captura de Osama bin Laden

Presidente Obama: "Un trabajo bien hecho".

Enviado por Resumen de Noticias del Tea Party, LLC, 08 de mayo de 2011

@TPNewsBrief: El presidente Obama habla sobre la inteligencia del complejo de Osama bin Laden

Presidente Obama: Nos anticipamos recibiendo avances y planos de la inteligencia.

Enviado por Resumen de Noticias del Tea Party, LLC, 08 de mayo de 2011

@TPNewsBrief: El presidente Obama habla acerca de la nueva inteligencia sobre Osama bin Laden

Presidente Obama: Tenemos inteligencia.

Enviado por Resumen de Noticias del Tea Party, LLC, 08 de mayo de 2011

@TPNewsBrief: El presidente Obama habla sobre los EE.UU. y Pakistán

Presidente Obama: Pakistán ha sido un aliado.

Enviado por Resumen de Noticias del Tea Party, LLC, 08 de mayo de 2011

@TPNewsBrief: El presidente Obama habla sobre Osama bin Laden

El presidente Obama dijo: "Lo tenemos".

Enviado por Resumen de Noticias del Tea Party, LLC, 08 de mayo 2011

@TPNewsBrief: El presidente Obama habla sobre la decisión de no mostrar imágenes de Osama bin Laden

Presidente Obama: No hay necesidad de hacer circular imágenes. Mostrar las imágenes como un trofeo no es lo que somos como Nación.

Enviado por Resumen de Noticias del Tea Party, LLC, 08 de mayo de 2011

@TPNewsBrief: El presidente Obama verifica la identidad de Osama bin Laden

Presidente Obama: Inicialmente se llevó a cabo el análisis facial y luego las pruebas de ADN.

Enviado por Resumen de Noticias del Tea Party, LLC, 08 de mayo de 2011

@TPNewsBrief: El Presidente Obama sigue la captura de Osama bin Laden desde la Sala de Situación

Presidente Obama: En Sala de Situación: "Fue tenso".

Enviado por Resumen de Noticias del Tea Party, LLC, 08 de mayo de 2011

@TPNewsBrief: Osama bin Laden se esconde en un abierto en Pakistán

Estrategia de guerra: Ocultarse en lugares abiertos.

Enviado por Resumen de Noticias del Tea Party, LLC, 08 de mayo de 2011

@TPNewsBrief: Comentarios del presidente Obama sobre sus grandes responsabilidades

Presidente Obama: Un presidente tiene la obligación de hacer múltiples cosas a la vez.

Enviado por Resumen de Noticias del Tea Party, LLC, 08 de mayo de 2011

@TPNewsBrief: El presidente Obama toma la decisión de capturar a Osama bin Laden

Presidente Obama: "Se tomó la decisión en la noche del jueves".

Enviado por Resumen de Noticias del Tea Party, LLC, 08 de mayo de 2011

@TPNewsBrief: Opiniones del presidente Obama sobre la inteligencia para capturar a Osama bin Laden

Presidente Obama: "Llegué a la conclusión que valía la pena".

Enviado por Resumen de Noticias del Tea Party, LLC, 08 de mayo de 2011

@TPNewsBrief: Los riesgos del presidente Obama en la captura de Osama bin Laden en Pakistán

Presidente Obama: Hay riesgos geopolíticos.

Enviado por Resumen de Noticias del Tea Party, LLC, 08 de mayo de 2011

@TPNewsBrief: El Presidente Obama evalúa el costo humano de la captura de Osama bin Laden

Presidente Obama: ¿Podremos rescatar a nuestros muchachos si algo sucediera?

Enviado por Resumen de Noticias del Tea Party, LLC, 08 de mayo de 2011

@TPNewsBrief: Comentarios del presidente Obama sobre el complejo de Osama bin Laden en Pakistán

Presidente Obama: La ironía de que durante años él no vivió en una cueva, sino en un complejo de varios millones de dólares.

Enviado por Resumen de Noticias del Tea Party, LLC, 08 de mayo de 2011

@TPNewsBrief: El Presidente Obama recibió información de inteligencia sobre la ubicación de Osama bin Laden

Presidente Obama: Me vinieron el año pasado con evidencias acerca de bin Laden.

Enviado por Resumen de Noticias del Tea Party, LLC, 08 de mayo de 2011

@TPNewsBrief: El presidente Obama habla sobre su motivación para perseguir Osama bin Laden

Presidente Obama: "Si alguna vez tengo una oportunidad de alcanzar a Bin Laden, la voy a aprovechar"

Enviado por Resumen de Noticias del Tea Party, LLC, 08 de mayo de 2011

@TPNewsBrief: El presidente Obama estará en 60 Minutos para hablar sobre Osama bin Laden

Esta noche en "60 Minutes", el presidente Obama, 19:00 EST.

Enviado por Resumen de Noticias del Tea Party, LLC, 08 de mayo de 2011

@TPNewsBrief: Conferencia en la Casa Blanca sobre Osama bin Laden

El presidente Obama hablará a las 11:30 pm acerca de Osama bin Laden.

Enviado por Resumen de Noticias del Tea Party, LLC, 01 de mayo de 2011

@TPNewsBrief: La prueba de ADN confirma que el cuerpo es de Osama bin Laden

Se confirmó mediante pruebas de ADN que el cadáver en poder de EE.UU. es de Osama bin Laden.

Enviado por Resumen de Noticias del Tea Party, LLC, 01 de mayo de 2011

@TPNewsBrief: Osama bin Laden ha muerto

Osama bin Laden ha muerto.

Enviado por Resumen de Noticias del Tea Party, LLC, 01 de mayo de 2011

@TPNewsBrief: La Casa Blanca realizará un anuncio sobre Seguridad Nacional

El presidente Obama realizará a las 10:30 pm EST. un anuncio relacionado con la seguridad nacional.

Enviado por Resumen de Noticias del Tea Party, LLC, 01 de mayo de 2011

@TPNewsBrief: El Presidente Obama tiene un sorpresivo anuncio

La Casa Blanca afirma que el presidente Obama realizará una sorpresiva declaración a las 10:30.

Enviado por Resumen de Noticias del Tea Party, LLC, 01 de mayo de 2011

CHAPTER FIVE
PATRIOT ACT BILL

@TPNewsBrief: President Obama Signs Patriot Act Bill

President Obama signed the Patriot Act Bill from France in order to meet the Thursday midnight deadline with the use of an "autopen."

Submitted by Tea Party News Brief, LLC, 27 May 2011

@TPNewsBrief: Kentucky Senator Rand Paul Proposes Privacy Rights

Freshman Senator Rand Paul (R-KY) delayed the vote on the Patriot Act for a week to introduce unsuccessfully privacy rights amendments.

Submitted by Tea Party News Brief, LLC, 27 May 2011

@TPNewsBrief: Congress Extends Patriot Act

The House(250-153 vote) & Senate(72-23) approved four year extension of Patriot Act, power to search records and roving wiretaps of terrorists.

Submitted by Tea Party News Brief, LLC, 27 May 2011

@TPNewsBrief: Congress Passes Patriot Act

112th U.S. Congress passes extension of Patriot Act.

Submitted by Tea Party News Brief, LLC, 26 May 2011

CAPÍTULO CINCO
PROYECTO DE LEY PATRIÓTICA

@TPNewsBrief: El presidente Obama firma proyecto de Ley Patriótica

El presidente Obama firmó desde Francia el Proyecto de Ley Patriótica con el fin de cumplir con el plazo de la medianoche del jueves, usando una "autopen" (firma automática).

Enviado por Resumen de Noticias del Tea Party, LLC, 27 de mayo de 2011

@TPNewsBrief: El senador por Kentucky Paul Rand propone derechos a la privacidad

El senador debutante Paul Rand (R-KY) retrasó durante una semana la votación de la Ley Patriótica para intentar introducir -sin éxito- enmiendas al derecho a la privacidad.

Enviado por Resumen de Noticias del Tea Party, LLC, 27 de mayo de 2011

@TPNewsBrief: **El Congreso extiende la Ley Patriótica**

La Cámara (250 a 153 votos) y el Senado (72-23) aprobaron una extensión por cuatro años de la Ley Patriótica, que da el poder para revisar registros y escuchas telefónicas itinerantes de terroristas.

Enviado por Resumen de Noticias del Tea Party, LLC, 27 de mayo de 2011

@TPNewsBrief: **El Congreso aprueba la Ley Patriótica**

El 112º Congreso de EE.UU. da curso a la extensión de la Ley Patriótica.

Enviado por Resumen de Noticias del Tea Party, LLC, 26 de mayo de 2011

CHAPTER SIX
U.S. FOREIGN POLICY

@TPNewsBrief: President Obama in Ireland

U.S.-Ireland Relations: President Obama in Dublin, Ireland-"America will stand by you always... Your best days are ahead... Yes you can..."

Submitted by Tea Party News Brief, LLC, 23 May 2011

@TPNewsBrief: Pro-Israel Grassroots Movement AIPAC

AIPAC,100,000-member pro- Israel national grassroots movement, has worked to strengthen the U.S.-Israel relationship since the 1950s.

Submitted by Tea Party News Brief, LLC, 23 May 2011

@TPNewsBrief: President Obama Speaks at AIPAC

President Obama speaks at AIPAC (The American Israel Public Affairs Committee): US and Israel's bond is unbreakable.

Submitted by Tea Party News Brief, LLC, 22 May 2011

@TPNewsBrief: President Obama Disagrees on 1967 Israel Borders

President Obama: There are "obviously" differences between Netanyahu and I on the 1967 borders but this is going to happen between friends.

Submitted by Tea Party News Brief, LLC, 21 May 2011

@TPNewsBrief: Prime Minister Netanyahu Responds to Returning to 1967 Borders

Prime Minister Netanyahu: Israel cannot go back to 1967 lines. These lines are "indefensible."

Submitted by Tea Party News Brief, LLC, 21 May 2011

@TPNewsBrief: Prime Minister Netanyahu Visits White House

Israeli Prime Minister Binyamin Netanyahu is scheduled to visit the White House today.

Submitted by Tea Party News Brief, LLC, 20 May 2011

@TPNewsBrief: Republican Newt Gingrich Comments on Obama Doctrine on Israel

Republican Newt Gingrich: President Obama's foreign policy speech, the most dangerous speech ever made by an American president on Israel's survival.

Submitted by Tea Party News Brief, LLC, 20 May 2011

@TPNewsBrief: Republican Mitt Romney Comments on Obama Doctrine on Israel

Mitt Romney: Obama's foreign policy throws Israel under the bus.

Submitted by Tea Party News Brief, LLC, 20 May 2011

@TPNewsBrief: President Obama Doctrine on Israel Rejected by Republicans

President Obama's foreign policy speech on Thursday: I want Israel's borders to go back to 1967 before the Six Day War. GOP strongly disagreed.

Submitted by Tea Party News Brief, LLC, 20 May 2011

@TPNewsBrief: President Obama Plans to Begin Troops Draw Down in July

President Obama: Future- drawing down additional troops in July.

Submitted by Tea Party News Brief, LLC, 8 May 2011

CAPÍTULO SEIS
POLÍTICA EXTERIOR DE EE.UU.

@TPNewsBrief: El Presidente Obama en Irlanda

Relación entre Estados Unidos e Irlanda: El Presidente Obama en Dublín, Irlanda. "Estados Unidos estará siempre a su lado... Sus mejores días están por delante... Si, ustedes pueden..."

Enviado por Resumen de Noticias del Tea Party, LLC, 23 de mayo de 2011

@TPNewsBrief: AIPAC Movimiento de Base Pro-Israel

AIPAC, un movimiento nacional popular pro-Israel con 100 mil miembros, ha trabajado para fortalecer la relación entre EE.UU. e Israel desde 1950.

Enviado por Resumen de Noticias del Tea Party, LLC, 23 de mayo de 2011

@TPNewsBrief: El presidente Obama habla ante el AIPAC

El presidente Obama habla ante el AIPAC (American Israel Public Affairs Committee - Comité Israelí Norteamericano de Asuntos Públicos): Son inquebrantables los lazos entre EE.UU. e Israel.

Enviado por Resumen de Noticias del Tea Party, LLC, 22 de mayo de 2011

@TPNewsBrief: El presidente Obama está en desacuerdo con las Fronteras de Israel de 1967

Presidente Obama: Hay "obvias" diferencias entre Netanyahu y yo acerca de las fronteras de 1967, pero esto va a suceder entre amigos.

Enviado por Resumen de Noticias del Tea Party, LLC, 21 de mayo de 2011

@TPNewsBrief: el Primer Ministro Netanyahu responde sobre regresar a las fronteras de 1967

Primer Ministro Netanyahu: Israel no puede volver a las fronteras de 1967. Estas líneas son "indefendibles".

Enviado por Resumen de Noticias del Tea Party, LLC, 21 de mayo de 2011

@TPNewsBrief: El Primer Ministro Netanyahu visita la Casa Blanca

El primer ministro israelí Benjamín Netanyahu tiene previsto visitar hoy la Casa Blanca.

Enviado por Resumen de Noticias del Tea Party, LLC, 20 de mayo de 2011

@TPNewsBrief: Comentarios del republicano Newt Gingrich acerca de la doctrina Obama sobre Israel

Republicano Newt Gingrich: El discurso de la política exterior del Presidente Obama es el más peligroso para la supervivencia de Israel jamás realizado por un presidente estadounidense.

Enviado por Resumen de Noticias del Tea Party, LLC, 20 de mayo de 2011

@TPNewsBrief: Opinión del republicano Mitt Romney acerca de la doctrina de Obama sobre Israel

Mitt Romney: La política exterior de Obama arroja a Israel bajo las ruedas de un camión.

Enviado por Resumen de Noticias del Tea Party, LLC, 20 de mayo de 2011

@TPNewsBrief: **La doctrina para Israel del presidente Obama es rechazada por republicanos**

Discurso de política exterior del Presidente Obama del jueves: Deseo que las fronteras de Israel vuelvan a las de 1967 antes de la Guerra de los Seis Días. GOP en marcado desacuerdo.

Enviado por Resumen de Noticias del Tea Party, LLC, 20 de mayo de 2011

@TPNewsBrief: **El presidente Obama planea comenzar a formar las tropas en julio**

Presidente Obama: En el futuro, se formarán en julio tropas adicionales.

Enviado por Resumen de Noticias del Tea Party, LLC, 08 de mayo de 2011

CHAPTER SEVEN
U.S. ECONOMY

@TPNewsBrief: Commerce Secretary to Promote American Business

President Obama: The next Commerce Secretary will be a very important part of my team in promoting American business and products globally.

Submitted by Tea Party News Brief, LLC, 31 May 2011

@TPNewsBrief: President Obama Nominates Bryson

President Obama nominates 67 year old John Bryson, former chair and CEO of power company Edison International, for Secretary of Commerce.

Submitted by Tea Party News Brief, LLC, 31 May 2011

@TPNewsBrief: President Obama Name Secretary of Commerce

President Obama to name next Secretary of Commerce at 1:15 PM EST.

Submitted by Tea Party News Brief, LLC, 31 May 2011

@TPNewsBrief: Republican House Speaker Boehner Speaks at the Economic Club of NY

Speaker of the House John Boehner speaks on national debt and entitlement spending at the Economic Club of NY today.

Submitted by Tea Party News Brief, LLC, 10 May 2011

@TPNewsBrief: National Commission on Fiscal Responsibility and Reform Report

Have you read "Report of the National Commission on Fiscal Responsibility and Reform?"
http://www.TeaPartyNewsBrief.com

Submitted by Tea Party News Brief, LLC, 10 May 2011

@TPNewsBrief: **Unemployment Rates Increases as Employers Add Jobs in April**

Unemployment rate has increased to 9% but employers added 244,000 jobs in April. This is the 3rd straight month of job growth.

Submitted by Tea Party News Brief, LLC, 7 May 2011

CAPÍTULO SIETE
ECONOMÍA DE EE.UU.

@TPNewsBrief: El secretario de Comercio promoverá los negocios estadounidenses

Presidente Obama: El próximo Secretario de Comercio será una parte muy importante de mi equipo en la tarea de promoción de las empresas y productos estadounidenses a nivel mundial.

Enviado por Resumen de Noticias del Tea Party, LLC, 31 de mayo de 2011

@TPNewsBrief: El Presidente Obama designa a Bryson

El presidente Obama designó como Secretario de Comercio a John Bryson (67 años), presidente y CEO de la compañía de energía Edison International.

Enviado por Resumen de Noticias del Tea Party, LLC, 31 de mayo de 2011

@TPNewsBrief: El Presidente Obama nombró secretario de Comercio

El presidente Obama nombrará al nuevo Secretario de Comercio a las 1:15 PM EST.

Enviado por Resumen de Noticias del Tea Party, LLC, 31 de mayo de 2011

@TPNewsBrief: El presidente republicano de la Cámara, Boehner, diserta ante en el Club Económico de Nueva York

El presidente de la Cámara, John Boehner, disertará hoy sobre la deuda nacional y el gasto, en una presentación ante el Club Económico de Nueva York.

Enviado por Resumen de Noticias del Tea Party, LLC, 10 de mayo de 2011

@TPNewsBrief: Informe de la Comisión Nacional de Responsabilidad Fiscal y Reforma

¿Has leído el "Informe de la Comisión Nacional de Responsabilidad Fiscal y Reforma?" http://www.TeaPartyNewsBrief.com

Enviado por Resumen de Noticias del Tea Party, LLC, 10 de mayo de 2011

@TPNewsBrief: Tasas de desempleo aumentan mientras los empleadores suman puestos en abril

La tasa de desempleo se elevó al 9%, aunque los empleadores sumaron 244 mil puestos en abril. Éste es el 3er mes consecutivo de crecimiento del empleo.

Enviado por Resumen de Noticias del Tea Party, LLC, 07 de mayo de 2011

CHAPTER EIGHT
U.S. HEALTHCARE

@TPNewsBrief: Republican Mitt Romney Speaks on Obama Healthcare Plan

Mitt Romney: If I became president I would give all 50 states waivers and begin the congressional repeal process.

Submitted by Tea Party News Brief, LLC, 15 May 2011

@TPNewsBrief: Republican Mitt Romney Speaks University of Michigan Cardiovascular Center

Mitt Romney spoke at University of Michigan Cardiovascular Center in Ann Arbor about repealing and reforming Obama's healthcare plan.

Submitted by Tea Party News Brief, LLC, 15 May 2011

@TPNewsBrief: Medicare and Social Security Trust Funds to Run Out

Medicare and Social Security trust funds on track to run out 2024 and 2036. Congress needs a bipartisan plan. Will they work together?

Submitted by Tea Party News Brief, LLC, 14 May 2011

@TPNewsBrief: House to Vote on Direct Taxpayer Abortion Funding

House may vote next week on a government-wide ban on any direct taxpayer funding of abortions in any federal departments or programs.

Submitted by Tea Party News Brief, LLC, 1 May 2011

CAPÍTULO OCHO
SALUD EN LOS EE.UU.

@TPNewsBrief: El republicano Mitt Romney habla sobre el plan de salud de Obama

Mitt Romney: Si yo fuera presidente le daría exenciones a los 50 estados y comenzaría el proceso de derogación en el Congreso.

Enviado por Resumen de Noticias del Tea Party, LLC, 15 de mayo de 2011

@TPNewsBrief: El republicano Mitt Romney habla en el Centro Cardiovascular de la Universidad de Michigan

Mitt Romney habló en el Centro Cardiovascular de la Universidad de Michigan, en Ann Arbor, sobre la derogación y reforma del plan de salud de Obama.

Enviado por Resumen de Noticias del Tea Party, LLC, 15 de mayo de 2011

@TPNewsBrief: Están por agotarse los fondos de Medicare y Social Security

Los fondos de Medicare y de Social Security van por el camino de agotarse entre 2024 y 2036. El Congreso necesita un plan consensuado. ¿Van a trabajar juntos?

Enviado por Resumen de Noticias del Tea Party, LLC, 14 de mayo de 2011

@TPNewsBrief: La Cámara de Representantes votará sobre la financiación directa del contribuyente para abortos

La Cámara podría votar la semana próxima la prohibición a todo el gobierno para que implemente cualquier tipo de financiación directa de parte de los contribuyentes para abortos, en los departamentos o programas federales.

Enviado por Resumen de Noticias del Tea Party, LLC, 01 de mayo de 2011

CHAPTER NINE
TEA PARTY ACTIVISTS

@TPNewsBrief: Tea Party Caucus Requested 764 Earmarks

Did you know? CAGW states 52 members of the TP Caucus requested a total of 764 earmarks valued at $1,049,783,150 during Fiscal Year 2010.

Submitted by Tea Party News Brief, LLC, 17 May 2011

@TPNewsBrief: Tea Party Brief Mission Statement

Tea Party News Brief Mission Statement: http://teapartynewsbrief.com/Mission.html

Submitted by Tea Party News Brief, LLC, 14 May 2011

@TPNewsBrief: Tea Party Core Beliefs

What will the 2012 presidential candidates do with Tea Party's core beliefs? See beliefs at http://teapartynewsbrief.com/Core_Beliefs.html

Submitted by Tea Party News Brief, LLC, 13 May 2011

@TPNewsBrief: Republican Tea Party Ron Paul Raises $1 Million

Representative Ron Paul of Texas raised more than $1 million during Thursday's Republican debate.

Submitted by Tea Party News Brief, LLC, 6 May 2011

@TPNewsBrief: Tea Party Patriots of St. Joseph in Missouri Meet Thursday Night

St. Joseph, MO Tea Party St. Jo/Tea Party Patriots meet on Thursday 7 p.m. East Hills branch of the St. Joseph Library, 502 N. Woodbine Rd.

Submitted by Tea Party News Brief, LLC, 4 May 2011

@TPNewsBrief: State of Arizona Approves Tea Party License Plate

Arizona approves Tea Party license plate that would feature "Don't Tread On Me" slogan to commemorate the Tea Party and send donations to the Movement.

Submitted by Tea Party News Brief, LLC, 1 May 2011

CAPÍTULO NUEVE
ACTIVISTAS DEL TEA PARTY

@TPNewsBrief: El grupo del Tea Party solicitó 764 asignaciones de fondos

¿Lo sabías? Los 52 miembros estatales de CAGW (Citizens Against Government Waste - Ciudadanos en Contra del Gasto Gubernamental) del grupo de TP solicitaron un total de 764 asignaciones por un valor de $ 1.049.783,15 durante el año fiscal 2010.

Enviado por Resumen de Noticias del Tea Party, LLC, 17 de mayo de 2011

@TPNewsBrief: Declaración resumida sobre la misión del Tea Party

Declaración resumida de la misión del Tea Party: http://teapartynewsbrief.com/Mission.html

Enviado por Resumen de Noticias del Tea Party, LLC, 14 de mayo de 2011

@TPNewsBrief: Principios básicos del Tea Party

¿Qué harán los candidatos presidenciales de 2012 con los principios básicos del Tea Party? Ver los principios en http://teapartynewsbrief.com/Core_Beliefs.html

Enviado por Resumen de Noticias del Tea Party, LLC, 13 de mayo de 2011

@TPNewsBrief: El republicano Ron Paul, miembro del Tea Party, recauda $1 millón

El Representante Ron Paul de Texas, recaudó más de $1 millón durante el debate republicano del jueves.

Enviado por Resumen de Noticias del Tea Party, LLC, 06 de mayo de 2011

@TPNewsBrief: Patriotas del Tea Party de San José en Missouri se reúnen el martes por la noche

Patriotas de St. Joseph, MO Tea Party y San Jo/Tea Party se reunirán el jueves a las 7 pm en la rama East Hills de la Biblioteca de San José, 502 N. Woodbine Rd.

Enviado por Resumen de Noticias del Tea Party, LLC, 04 de mayo de 2011

TPNewsBrief @: El estado de Arizona aprueba las placas de licencia del Tea Party

Arizona aprueba las placas de licencias del Tea Party que tendrán el lema "¡No me pisotees!", para conmemorar el Tea Party y enviar sus donaciones al Movimiento.

Enviado por Resumen de Noticias del Tea Party, LLC, 01 de mayo de 2011

CHAPTER TEN
REMEMBER OUR NATION

@TPNewsBrief: Memorial Day Honors Our Heroes

Memorial Day: Our American heroes and heroines, thank you for serving our country, protecting our interests, and giving your lives.

Submitted by Tea Party News Brief, LLC, 30 May 2011

@TPNewsBrief: Prayers for Joplin, Missouri

Please pray for the families impacted by the deadly Sunday tornadoes in Joplin, MO and surrounding areas.

Submitted by Tea Party News Brief, LLC, 23 May 2011

@TPNewsBrief: Prayers for President Obama

Let's remember President Obama in our prayers.

Submitted by Tea Party News Brief, LLC, 8 May 2011

CAPÍTULO DIEZ
RECORDAR NUESTRA NACIÓN

@TPNewsBrief: El Memorial Day honra a nuestros héroes

Memorial Day: A nuestros héroes y heroínas de América, gracias por servir a nuestro país, proteger nuestros intereses y dar sus vidas.

Enviado por Resumen de Noticias del Tea Party, LLC, 30 de mayo de 2011

@TPNewsBrief: Oraciones por Joplin, Missouri

Por favor, oren por las familias afectadas por los trágicos tornados del domingo en Joplin, MO y sus alrededores.

Enviado por Resumen de Noticias del Tea Party, LLC, 23 de mayo de 2011

@TPNewsBrief: Oraciones por el presidente Obama

Recordemos el presidente Obama en nuestras oraciones.

Enviado por Resumen de Noticias del Tea Party, LLC, 08 de mayo de 2011

CHAPTER ELEVEN
THE DECLARATION OF INDEPENDENCE[1]

Action of Second Continental Congress, July 4, 1776.
The Unanimous Declaration of the thirteen
united States of America.

When in the Course of human events, it becomes necessary for one people to dissolve the political bands which have connected them with another, and to assume among the powers of the earth, the separate and equal station to which the Laws of Nature and of Nature's God entitle them, a decent respect to the opinions of mankind requires that they should declare the causes which impel them to the separation.

We hold these truths to be self-evident, that all men are created equal, that they are endowed by their Creator with certain unalienable Rights, that among these are Life, Liberty and the pursuit of Happiness.--That to secure these rights, Governments are instituted among

---

[1] http://www.archives.gov/exhibits/charters/declaration_transcript.html

Men, deriving their just powers from the consent of the governed, --That whenever any Form of Government becomes destructive of these ends, it is the Right of the People to alter or to abolish it, and to institute new Government, laying its foundation on such principles and organizing its powers in such form, as to them shall seem most likely to effect their Safety and Happiness. Prudence, indeed, will dictate that Governments long established should not be changed for light and transient causes; and accordingly all experience hath shewn, that mankind are more disposed to suffer, while evils are sufferable, than to right themselves by abolishing the forms to which they are accustomed. But when a long train of abuses and usurpations, pursuing invariably the same Object evinces a design to reduce them under absolute Despotism, it is their right, it is their duty, to throw off such Government, and to provide new Guards for their future security.--Such has been the patient sufferance of these Colonies; and such is now the necessity which constrains them to alter their former Systems of Government. The history of the present King of Great Britain is a history of repeated injuries and usurpations, all having in direct object the establishment of an absolute Tyranny over these States. To prove this, let Facts be submitted to a candid world.

He has forbidden his Governors to pass Laws of immediate and pressing importance, unless suspended in their operation till his Assent should be obtained; and when so suspended, he has utterly neglected to attend to them.

He has refused to pass other Laws for the accommodation of large districts of people, unless those people would relinquish the right of Representation in the Legislature, a right inestimable to them and formidable to tyrants only.

He has called together legislative bodies at places unusual, uncomfortable, and distant from the depository of their public Records, for the sole purpose of fatiguing them into compliance with his measures.

He has dissolved Representative Houses repeatedly, for opposing with manly firmness his invasions on the rights of the people.

He has refused for a long time, after such dissolutions, to cause others to be elected; whereby the Legislative powers, incapable of Annihilation, have returned to the People at large for their exercise; the State remaining in the mean time exposed to all the dangers of invasion from without, and convulsions within.

He has endeavoured to prevent the population of these States; for that purpose obstructing the Laws for Naturalization of Foreigners; refusing to pass others to encourage their migrations hither, and raising the conditions of new Appropriations of Lands.

He has obstructed the Administration of Justice, by refusing his Assent to Laws for establishing Judiciary powers.

He has made Judges dependent on his Will alone, for the tenure of their offices, and the amount and payment of their salaries.

He has erected a multitude of New Offices, and sent hither swarms of Officers to harrass our people, and eat out their substance.

He has kept among us, in times of peace, Standing Armies without the Consent of our legislatures.

He has affected to render the Military independent of and superior to the Civil power.

He has combined with others to subject us to a jurisdiction foreign to our constitution, and unacknowledged by our laws; giving his Assent to their Acts of pretended Legislation:

For Quartering large bodies of armed troops among us:

For protecting them, by a mock Trial, from punishment for any Murders which they should commit on the Inhabitants of these States:

For cutting off our Trade with all parts of the world:

For imposing Taxes on us without our Consent:

For depriving us in many cases, of the benefits of Trial by Jury:

For transporting us beyond Seas to be tried for pretended offences

For abolishing the free System of English Laws in a neighbouring Province, establishing therein an Arbitrary government, and enlarging its Boundaries so as to render it at once an example and fit instrument for introducing the same absolute rule into these Colonies:

For taking away our Charters, abolishing our most valuable Laws, and altering fundamentally the Forms of our Governments:

For suspending our own Legislatures, and declaring themselves invested with power to legislate for us in all cases whatsoever.

He has abdicated Government here, by declaring us out of his Protection and waging War against us.

He has plundered our seas, ravaged our Coasts, burnt our towns, and destroyed the lives of our people.

He is at this time transporting large Armies of foreign Mercenaries to compleat the works of death, desolation and tyranny, already begun with circumstances of Cruelty & perfidy scarcely paralleled in the most barbarous ages, and totally unworthy the Head of a civilized nation.

He has constrained our fellow Citizens taken
Captive on the high Seas to bear Arms against
their Country, to become the executioners of
their friends and Brethren, or to fall themselves
by their Hands.

He has excited domestic insurrections amongst
us, and has endeavoured to bring on the
inhabitants of our frontiers, the merciless
Indian Savages, whose known rule of warfare, is
an undistinguished destruction of all ages, sexes
and conditions.

In every stage of these Oppressions We have Petitioned
for Redress in the most humble terms: Our repeated
Petitions have been answered only by repeated injury. A
Prince whose character is thus marked by every act
which may define a Tyrant, is unfit to be the ruler of a
free people.

Nor have We been wanting in attentions to our Brittish
brethren. We have warned them from time to time of
attempts by their legislature to extend an unwarrantable
jurisdiction over us. We have reminded them of the
circumstances of our emigration and settlement here.
We have appealed to their native justice and
magnanimity, and we have conjured them by the ties of
our common kindred to disavow these usurpations,

which, would inevitably interrupt our connections and correspondence. They too have been deaf to the voice of justice and of consanguinity. We must, therefore, acquiesce in the necessity, which denounces our Separation, and hold them, as we hold the rest of mankind, Enemies in War, in Peace Friends.

We, therefore, the Representatives of the united States of America, in General Congress, Assembled, appealing to the Supreme Judge of the world for the rectitude of our intentions, do, in the Name, and by Authority of the good People of these Colonies, solemnly publish and declare, That these United Colonies are, and of Right ought to be Free and Independent States; that they are Absolved from all Allegiance to the British Crown, and that all political connection between them and the State of Great Britain, is and ought to be totally dissolved; and that as Free and Independent States, they have full Power to levy War, conclude Peace, contract Alliances, establish Commerce, and to do all other Acts and Things which Independent States may of right do. And for the support of this Declaration, with a firm reliance on the protection of divine Providence, we mutually pledge to each other our Lives, our Fortunes and our sacred Honor.

Georgia:	**North Carolina:**
Button Gwinnett	William Hooper
Lyman Hall	Joseph Hewes
George Walton	John Penn

South Carolina:
Edward Rutledge
Thomas Heyward, Jr.
Thomas Lynch, Jr.
Arthur Middleton

Massachusetts:
John Hancock

Maryland:
Samuel Chase
William Paca
Thomas Stone
Charles Carroll of Carrollton

Virginia:
George Wythe
Richard Henry Lee
Thomas Jefferson
Benjamin Harrison
Thomas Nelson, Jr.
Francis Lightfoot Lee
Carter Braxton

Pennsylvania:
Robert Morris
Benjamin Rush
Benjamin Franklin
John Morton
George Clymer
James Smith
George Taylor
James Wilson
George Ross

Delaware:
Caesar Rodney

George Read
Thomas McKean

New York:
William Floyd
Philip Livingston
Francis Lewis
Lewis Morris

New Jersey:
Richard Stockton
John Witherspoon
Francis Hopkinson
John Hart
Abraham Clark

New Hampshire:
Josiah Bartlett
William Whipple

Massachusetts:
Samuel Adams
John Adams
Robert Treat Paine
Elbridge Gerry

Rhode Island:
Stephen Hopkins
William Ellery

Connecticut:
Roger Sherman
Samuel Huntington
William Williams
Oliver Wolcott

New Hampshire:
Matthew Thornton

CAPÍTULO ONCE
DECLARACIÓN DE LA
INDEPENDENCIA

Acción del Segundo Congreso Continental
del 4 de julio de 1776.
Declaración Unánime de los
Trece Estados Unidos de América

Cuando en el curso de los acontecimientos humanos vuelve necesario para un pueblo disolver los lazos políticos que lo han ligado a otro y a asumir, entre los poderes de la Tierra, el lugar igual y separado al que las leyes de la naturaleza y de la naturaleza Dios le dan derecho, un justo respeto al juicio de la humanidad exige que se declaren las causas que lo impulsan a la separación.

Sostenemos que estas verdades son evidentes: que todos los hombres son creados iguales, que son dotados por su Creador de ciertos derechos inalienables, que entre éstos están la Vida, la Libertad y la Búsqueda de la

Felicidad; que para garantizar estos derechos, los gobiernos se instituyen entre los hombres; que derivan sus poderes legítimos del consentimiento de los gobernados; que siempre que una forma de gobierno tienda a destruir esos fines, es el derecho del pueblo alterarlo o abolirlo, e instituir un nuevo gobierno, sosteniendo su fundación en dichos principios; y a organizar sus poderes en forma tal que les ofrezca las mayores probabilidades de alcanzar su seguridad y felicidad. La prudencia, por cierto, aconsejará que los gobiernos de larga data no se cambien por motivos leves y transitorios; y como toda experiencia lo ha demostrado, la humanidad está más dispuesta a padecer, mientras los males sean tolerables, que a hacer justicia aboliendo las formas a las que están acostumbrados. Pero cuando una larga serie de abusos y usurpaciones dirigida invariablemente al mismo objetivo demuestra el designio de someter al pueblo a un despotismo absoluto, es su derecho, es su deber, derrocar a ese gobierno y establecer nuevos resguardos para su futura la seguridad. Tal ha sido el paciente sufrimiento de estas colonias, y tal es ahora la necesidad que las obliga a reformar su anterior sistema de gobierno. La historia del actual Rey de Gran Bretaña es una historia de repetidas lesiones y usurpaciones, todas ellas dirigidas al establecimiento de una tiranía absoluta sobre estos estados. Para probar esto, sometemos los hechos al mundo imparcial.

Él se ha negado a aprobar las leyes, las más favorables y necesarias para el bien público.

Él ha prohibido a sus gobernadores sancionar leyes de importancia inmediata y apremiante, a riesgo de ser suspendidos en sus funciones hasta que se determine una sanción; y una vez suspendidos, se ha negado por completo a prestarles atención.

Él se ha negado a aprobar otras leyes para el alojamiento de grandes Distritos de Personas, a menos que ellos renunciaran al Derecho de Representación en la Legislatura, un Derecho inestimable para ellos, y formidable sólo para los tiranos.

Él ha convocado a los cuerpos legislativos en sitios infrecuentes, incómodos y distantes del lugar de archivo de sus registros públicos, con el propósito exclusivo de molestarlos hasta obligarlos a convenir con sus medidas.

Él ha disuelto las Cámaras de Representantes en varias ocasiones, por oponerse con firmeza viril a sus intromisiones en los derechos de las personas.

Él se ha negado durante mucho tiempo luego de estas disoluciones a motivar a que otros sean electos; mediante ello los Poderes Legislativos, imposibles de ser aniquilados, han retornado al pueblo en general para su ejercicio; el Estado queda en ese tiempo expuesto a todos los peligros de una invasión exterior y de convulsiones interiores.

Él ha tratado de impedir la población de estos Estados; con este objetivo obstruyó las Leyes de Naturalización de Extranjeros, rehusando aprobar otras para fomentar la Migración, y aumentando las condiciones para las apropiaciones de nuevas tierras.

Él ha obstaculizado la Administración de Justicia, al negarse a aprobar las leyes para establecer Poderes Judiciales.

Él ha hecho que los jueces dependieran de su sola voluntad para la permanencia en sus cargos, y la conservación del monto y el pago de sus salarios.

Él ha creado una multitud de nuevas oficinas, y envió un enjambre de funcionarios para hostigar a nuestro Pueblo, y consumir nuestra substancia.

Él ha mantenido entre nosotros en tiempos de paz Ejércitos Permanentes sin el consentimiento de nuestras Legislaturas.

Él ha influido para que la autoridad militar fuera independiente y superior al poder civil.

Él se ha asociado con otros para someternos a una jurisdicción extraña a nuestra Constitución y no reconocida por nuestras Leyes; dando su consentimiento a sus actos de pretendida legislación:

Para acuartelar grandes cuerpos de tropas armadas entre nosotros:

Para protegerlos mediante un juicio ficticio del castigo por los asesinatos que pudiesen cometer entre los habitantes de estos Estados:

Para suspender nuestro comercio con todas las partes del mundo:

Para imponernos impuestos sin nuestro consentimiento:

Para privarnos, en muchos casos, de los beneficios del juicio por jurado:

Para transportarnos más allá de los mares para ser juzgados por supuestos delitos:

Para abolir el libre sistema de leyes inglesas en una provincia vecina, estableciendo allí un gobierno arbitrario y extendiendo sus límites, así como con el objetivo de dar un ejemplo y un instrumento de ajuste para introducir el mismo gobierno absolutista en estas Colonias:

Para suprimir nuestras Cartas, abolir nuestras Leyes más valiosas, y alterar fundamentalmente las formas de nuestros gobiernos:

Para suspender nuestras propias legislaturas y declararse investido con el poder de legislar sobre nosotros en absolutamente todos los casos.

Él ha abdicado aquí su Gobierno, al declararnos fuera de su protección y al emprender una guerra en contra nuestra.

Él ha saqueado nuestros mares, asolado nuestras costas, quemado nuestras ciudades, y destruido las vidas de nuestra gente.

Él está, en este momento, movilizando grandes ejércitos de mercenarios extranjeros para completar las obras de la Muerte, Desolación y Tiranía, ya iniciadas en circunstancias de Crueldad y Perfidia, que apenas si encuentran paralelo en las épocas más bárbaras y totalmente indignas de la cabeza de una civilizada Nación.

Él ha obligado a nuestros conciudadanos aprehendidos en alta mar a levantar armas contra su país, para convertirse en verdugos de sus amigos y hermanos, o morir bajo sus manos.

Él ha provocado insurrecciones internas entre nosotros, y ha tratado de inducir entre los habitantes de nuestras fronteras a los despiadados Indios Salvajes, cuya conocida regla de guerra es la destrucción sin distinción de edades, sexos y condiciones.

En cada etapa de estas opresiones, hemos pedido justicia en los términos más humildes: nuestras repetidas peticiones han sido contestadas solamente por repetidas injurias. Un Príncipe, cuyo carácter está marcado por todos los actos que definen a un tirano, no es apto para ser gobernante de un pueblo libre.

Tampoco hemos estado esperando atenciones de parte de nuestros Hermanos británicos. Los hemos advertido de tiempo en tiempo sobre los intentos de su legislatura por extender una jurisdicción injustificable. Les hemos recordado las circunstancias de nuestra Emigración y Colonización aquí. Hemos apelado a su justicia y magnanimidad, y los hemos invitado, por los vínculos de nuestro parentesco, a repudiar esas usurpaciones que inevitablemente acabarían por interrumpir nuestra correspondencia y nuestros vínculos. Ellos también han sido sordos a la voz de la justicia y la consanguinidad. Debemos, pues, convenir en la necesidad que establece nuestra separación, y a considerarlos, como consideramos al resto de la humanidad, enemigos en la guerra y amigos en la paz.

Por lo tanto, nos los Representantes de los Estados Unidos de América, en Congreso General, apelando al Juez Supremo del mundo por la rectitud de nuestras intenciones, resolvemos, en nombre y por la autoridad del buen pueblo de estas colonias, solemnemente Publicar y Declarar que estas Colonias Unidas son, y deben serlo por derecho, Estados Libres e Independientes; que quedan libres de toda lealtad a la Corona británica, y que toda conexión política entre ellas y el Estado de Gran Bretaña, es y debe ser totalmente disuelta, y que como Estados Libres o Independientes, tenemos pleno poder para hacer la guerra, concertar la paz, concertar alianzas, establecer el comercio y efectuar los actos y providencias que los estados independientes pueden por derecho efectuar. Y en apoyo de esta Declaración, con absoluta confianza firme en la protección de la Divina Providencia, empeñamos mutuamente nuestras vidas, nuestras fortunas y nuestro sagrado honor.

John Hancock.	Frans. Lewis.
Samuel Chase.	Lewis Morris.
Wm. Paca.	Richd. Stockton.
Thos. Stone.	Jno Witherspoon.
Charles Carroll of Carrollton.	Fras. Hopkinson.

George Wythe.

Richard Henry Lee.

Th Jefferson.

Benja Harrison.

Thos. Nelson jr.

Francis Lightfoot Lee.

Carter Braxton.

Robt Morris.

Benjamin Rush.

Benja. Franklin.

John Morton.

Geo Clymer.

Jas Smith.

Geo. Taylor.

James Wilson.

Geo. Ross.

Caesar Rodney.

Geo Read.

Tho M: Kean.

Wm Floyd.

Phil. Livingston.

Arthur Middleton.

Button Gwinnett.

John Hart.

Abra Clark.

Josiah Bartlett.

Wm. Whipple.

Saml Adams.

John Adams.

Robt Treat Paine.

Elbridge Gerry.

Step Hopkins.

William Ellery.

Roger Sherman.

Saml Huntington.

WmWilliams.

Oliver Wolcott.

Matthew Thornton.

Wm Hooper.

Joseph Hewes.

John Penn.

Edward Rutledge.

Thos Heyward Junr.

Thomas Lynch Junr.

Lyman Hall.

Geo Walton.

CHAPTER TWELVE
THE CONSTITUTION OF THE
UNITED STATES OF AMERICA[2]

Drafted at the Constitutional Convention in Philadelphia in 1787, signed on September 17, 1787, and ratified by nine states by June 21, 1788.

We the People of the United States, in Order to form a more perfect Union, establish Justice, insure domestic Tranquility, provide for the common defence, promote the general Welfare, and secure the Blessings of Liberty to ourselves and our Posterity, do ordain and establish this Constitution for the United States of America.

Article I

Section. 1. All legislative Powers herein granted shall be vested in a Congress of the United States, which shall consist of a Senate and House of Representatives.

---

[2] http://www.archives.gov/exhibits/charters/constitution_transcript.html

Section. 2. The House of Representatives shall be composed of Members chosen every second Year by the People of the several States, and the Electors in each State shall have the Qualifications requisite for Electors of the most numerous Branch of the State Legislature.

No Person shall be a Representative who shall not have attained to the Age of twenty five Years, and been seven Years a Citizen of the United States, and who shall not, when elected, be an Inhabitant of that State in which he shall be chosen.

Representatives and direct Taxes shall be apportioned among the several States which may be included within this Union, according to their respective Numbers, which shall be determined by adding to the whole Number of free Persons, including those bound to Service for a Term of Years, and excluding Indians not taxed, three fifths of all other Persons. The actual Enumeration shall be made within three Years after the first Meeting of the Congress of the United States, and within every subsequent Term of ten Years, in such Manner as they shall by Law direct. The number of Representatives shall not exceed one for every thirty Thousand, but each State shall have at Least one Representative; and until such enumeration shall be made, the State of New Hampshire shall be entitled to chuse three, Massachusetts eight, Rhode-Island and Providence Plantations one, Connecticut five, New-York six, New Jersey four, Pennsylvania eight, Delaware one, Maryland six, Virginia ten, North Carolina five, South Carolina five, and Georgia three.

When vacancies happen in the Representation from any State, the Executive Authority thereof shall issue Writs of Election to fill such Vacancies.

The House of Representatives shall chuse their Speaker and other Officers; and shall have the sole Power of Impeachment.

Section. 3. The Senate of the United States shall be composed of two Senators from each State, chosen by the Legislature thereof, for six Years; and each Senator shall have one Vote.

Immediately after they shall be assembled in Consequence of the first Election, they shall be divided as equally as may be into three Classes. The Seats of the Senators of the first Class shall be vacated at the Expiration of the second Year, of the second Class at the Expiration of the fourth Year, and of the third Class at the Expiration of the sixth Year, so that one third may be chosen every second Year; and if Vacancies happen by Resignation, or otherwise, during the Recess of the Legislature of any State, the Executive thereof may make temporary Appointments until the next Meeting of the Legislature, which shall then fill such Vacancies.

No Person shall be a Senator who shall not have attained to the Age of thirty Years, and been nine Years a Citizen of the United States, and who shall not, when elected, be an Inhabitant of that State for which he shall be chosen.

The Vice President of the United States shall be President of the Senate, but shall have no Vote, unless they be equally divided.

The Senate shall chuse their other Officers, and also a President pro tempore, in the Absence of the Vice President, or when he shall exercise the Office of President of the United States.

The Senate shall have the sole Power to try all Impeachments. When sitting for that Purpose, they shall be on Oath or Affirmation. When the President of the United States is tried, the Chief Justice shall preside: And no Person shall be convicted without the Concurrence of two thirds of the Members present.

Judgment in Cases of Impeachment shall not extend further than to removal from Office, and disqualification to hold and enjoy any Office of honor, Trust or Profit under the United States: but the Party convicted shall nevertheless be liable and subject to Indictment, Trial, Judgment and Punishment, according to Law.

Section. 4. The Times, Places and Manner of holding Elections for Senators and Representatives, shall be prescribed in each State by the Legislature thereof; but the Congress may at any time by Law make or alter such Regulations, except as to the Places of chusing Senators.

The Congress shall assemble at least once in every Year, and such Meeting shall be on the first Monday in December, unless they shall by Law appoint a different Day.

Section. 5. Each House shall be the Judge of the Elections, Returns and Qualifications of its own Members, and a Majority of each shall constitute a Quorum to do Business; but a smaller Number may adjourn from day to day, and may be authorized to compel the Attendance of absent Members, in such Manner, and under such Penalties as each House may provide.

Each House may determine the Rules of its Proceedings, punish its Members for disorderly Behaviour, and, with the Concurrence of two thirds, expel a Member.

Each House shall keep a Journal of its Proceedings, and from time to time publish the same, excepting such Parts as may in their Judgment require Secrecy; and the Yeas and Nays of the Members of either House on any question shall, at the Desire of one fifth of those Present, be entered on the Journal.

Neither House, during the Session of Congress, shall, without the Consent of the other, adjourn for more than three days, nor to any other Place than that in which the two Houses shall be sitting.

Section. 6. The Senators and Representatives shall receive a Compensation for their Services, to be ascertained by Law, and paid out of the Treasury of the United States. They shall in all Cases, except Treason, Felony and Breach of the Peace, be privileged from Arrest during their Attendance at the Session of their respective Houses, and in going to and returning from the same; and for any Speech or Debate in either House, they shall not be questioned in any other Place.

No Senator or Representative shall, during the Time for which he was elected, be appointed to any civil Office under the Authority of the United States, which shall have been created, or the Emoluments whereof shall have been encreased during such time; and no Person holding any Office under the United States, shall be a Member of either House during his Continuance in Office.

Section. 7. All Bills for raising Revenue shall originate in the House of Representatives; but the Senate may propose or concur with Amendments as on other Bills.

Every Bill which shall have passed the House of Representatives and the Senate, shall, before it becomes a Law, be presented to the President of the United States; If he approve he shall sign it, but if not he shall return it, with his Objections to that House in which it shall have originated, who shall enter the Objections at large on their Journal, and proceed to reconsider it. If after such Reconsideration two thirds of that House shall agree to pass the Bill, it shall be sent, together with the Objections, to the other House, by which it shall likewise be reconsidered, and if approved by two thirds of that House, it shall become a Law. But in all such Cases the Votes of both Houses shall be determined by yeas and Nays, and the Names of the Persons voting for and against the Bill shall be entered on the Journal of each House respectively. If any Bill shall not be returned by the President within ten Days (Sundays excepted) after it shall have been presented to him, the Same shall be a Law, in like Manner as if he had signed it, unless the Congress by their Adjournment prevent its Return, in which Case it shall not be a Law.

Every Order, Resolution, or Vote to which the Concurrence of the Senate and House of Representatives may be necessary (except on a question of Adjournment) shall be presented to the President of the United States; and before the Same shall take Effect, shall be approved by him, or being disapproved by him, shall be repassed by two thirds of the Senate and House of Representatives, according to the Rules and Limitations prescribed in the Case of a Bill.

Section. 8. The Congress shall have Power To lay and collect Taxes, Duties, Imposts and Excises, to pay the Debts and provide for the common Defence and general Welfare of the United States; but all Duties, Imposts and Excises shall be uniform throughout the United States;

To borrow Money on the credit of the United States;

To regulate Commerce with foreign Nations, and among the several States, and with the Indian tribes;

To establish an uniform Rule of Naturalization, and uniform Laws on the subject of Bankruptcies throughout the United States;

To coin Money, regulate the Value thereof, and of foreign Coin, and fix the Standard of Weights and Measures;

To provide for the Punishment of counterfeiting the Securities and current Coin of the United States;

To establish Post Offices and post Roads;

To promote the Progress of Science and useful Arts, by securing for limited Times to Authors and Inventors the exclusive Right to their respective Writings and Discoveries;

To constitute Tribunals inferior to the supreme Court;

To define and punish Piracies and Felonies committed on the high Seas, and Offenses against the Law of Nations;

To declare War, grant Letters of Marque and Reprisal, and make Rules concerning Captures on Land and Water;

To raise and support Armies, but no Appropriation of Money to that Use shall be for a longer Term than two Years;

To provide and maintain a Navy;

To make Rules for the Government and Regulation of the land and naval Forces;

To provide for calling forth the Militia to execute the Laws of the Union, suppress Insurrections and repel Invasions;

To provide for organizing, arming, and disciplining, the Militia, and for governing such Part of them as may be employed in the Service of the United States, reserving to the States respectively, the Appointment of the Officers, and the Authority of training the Militia according to the discipline prescribed by Congress;

To exercise exclusive Legislation in all Cases whatsoever, over such District (not exceeding ten Miles square) as may, by Cession of particular States, and the Acceptance of Congress, become the Seat of the Government of the United States, and to exercise like Authority over all Places purchased by the Consent of the Legislature of the State in which the Same shall be, for the Erection of Forts, Magazines, Arsenals, dock-Yards and other needful Buildings;—And

To make all Laws which shall be necessary and proper for carrying into Execution the foregoing Powers, and all other Powers vested by this Constitution in the Government of the United States, or in any Department or Officer thereof.

Section. 9. The Migration or Importation of such Persons as any of the States now existing shall think proper to admit, shall not be prohibited by the Congress prior to the Year one thousand eight hundred and eight, but a Tax or duty may be imposed on such Importation, not exceeding ten dollars for each Person.

The Privilege of the Writ of Habeas Corpus shall not be suspended, unless when in Cases of Rebellion or Invasion the public Safety may require it.

No Bill of Attainder or ex post facto Law shall be passed.

No Capitation, or other direct, Tax shall be laid, unless in Proportion to the Census or Enumeration herein before directed to be taken.

No Tax or Duty shall be laid on Articles exported from any State.

No Preference shall be given by any Regulation of Commerce or Revenue to the Ports of one State over those of another: nor shall Vessels bound to, or from, one State, be obliged to enter, clear, or pay Duties in another.

No Money shall be drawn from the Treasury, but in Consequence of Appropriations made by Law; and a regular Statement and Account of the Receipts and Expenditures of all public Money shall be published from time to time.

No Title of Nobility shall be granted by the United States: And no Person holding any Office of Profit or Trust under them, shall, without the Consent of the Congress, accept of any present, Emolument, Office, or Title, of any kind whatever, from any King, Prince, or foreign State.

Section. 10. No State shall enter into any Treaty, Alliance, or Confederation; grant Letters of Marque and Reprisal; coin Money; emit Bills of Credit; make any Thing but gold and silver Coin a Tender in Payment of Debts; pass any Bill of Attainder, ex post facto Law, or Law impairing the Obligation of Contracts, or grant any Title of Nobility.

No State shall, without the Consent of the Congress, lay any Imposts or Duties on Imports or Exports, except what may be absolutely necessary for executing its inspection Laws: and the net Produce of all Duties and Imposts, laid by any State on Imports or Exports, shall be for the Use of the Treasury of the United States; and all such Laws shall be subject to the Revision and Controul of the Congress.

No State shall, without the Consent of Congress, lay any Duty of Tonnage, keep Troops, or Ships of War in time of Peace, enter into any Agreement or Compact with another State, or with a foreign Power, or engage in War, unless actually invaded, or in such imminent Danger as will not admit of delay.

Article II

Section. 1. The executive Power shall be vested in a President of the United States of America. He shall hold his Office during the Term of four Years, and, together with the Vice President, chosen for the same Term, be elected, as follows

Each State shall appoint, in such Manner as the Legislature thereof may direct, a Number of Electors, equal to the whole Number of Senators and

Representatives to which the State may be entitled in the Congress: but no Senator or Representative, or Person holding an Office of Trust or Profit under the United States, shall be appointed an Elector.

The Electors shall meet in their respective States, and vote by Ballot for two Persons, of whom one at least shall not be an Inhabitant of the same State with themselves. And they shall make a List of all the Persons voted for, and of the Number of Votes for each; which List they shall sign and certify, and transmit sealed to the Seat of the Government of the United States, directed to the President of the Senate. The President of the Senate shall, in the Presence of the Senate and House of Representatives, open all the Certificates, and the Votes shall then be counted. The Person having the greatest Number of Votes shall be the President, if such Number be a Majority of the whole Number of Electors appointed; and if there be more than one who have such Majority, and have an equal Number of Votes, then the House of Representatives shall immediately chuse by Ballot one of them for President; and if no Person have a Majority, then from the five highest on the List the said House shall in like Manner chuse the President. But in chusing the President, the Votes shall be taken by States, the

Representation from each State having one Vote; A quorum for this Purpose shall consist of a Member or Members from two thirds of the States, and a Majority of all the States shall be necessary to a Choice. In every Case, after the Choice of the President, the Person having the greatest Number of Votes of the Electors shall be the Vice President. But if there should remain two or more who have equal Votes, the Senate shall chuse from them by Ballot the Vice President.

The Congress may determine the Time of chusing the Electors, and the Day on which they shall give their Votes; which Day shall be the same throughout the United States.

No Person except a natural born Citizen, or a Citizen of the United States, at the time of the Adoption of this Constitution, shall be eligible to the Office of President; neither shall any person be eligible to that Office who shall not have attained to the Age of thirty five Years, and been fourteen Years a Resident within the United States.

In Case of the Removal of the President from Office, or of his Death, Resignation, or Inability to discharge the Powers and Duties of the said Office, the Same shall devolve on the Vice President, and the Congress may by Law provide for the Case of Removal, Death,

Resignation or Inability, both of the President and Vice President, declaring what Officer shall then act as President, and such Officer shall act accordingly, until the Disability be removed, or a President shall be elected.

The President shall, at stated Times, receive for his Services, a Compensation, which shall neither be increased nor diminished during the Period for which he shall have been elected, and he shall not receive within that Period any other Emolument from the United States, or any of them.

Before he enter on the Execution of his Office, he shall take the following Oath or Affirmation:— "I do solemnly swear (or affirm) that I will faithfully execute the Office of President of the United States, and will to the best of my Ability, preserve, protect and defend the Constitution of the United States."

Section 2. The President shall be Commander in Chief of the Army and Navy of the United States, and of the Militia of the several States, when called into the actual Service of the United States; he may require the Opinion, in writing, of the principal Officer in each of the executive Departments, upon any Subject relating to the Duties of their respective Offices, and he shall have Power to grant Reprieves and Pardons for Offenses against the United States, except in Cases of Impeachment.

He shall have Power, by and with the Advice and Consent of the Senate, to make Treaties, provided two thirds of the Senators present concur; and he shall nominate, and by and with the Advice and Consent of the Senate, shall appoint Ambassadors, other public Ministers and Consuls, Judges of the supreme Court, and all other Officers of the United States, whose Appointments are not herein otherwise provided for, and which shall be established by Law: but the Congress may by Law vest the Appointment of such inferior Officers, as they think proper, in the President alone, in the Courts of Law, or in the Heads of Departments.

The President shall have Power to fill up all Vacancies that may happen during the Recess of the Senate, by granting Commissions which shall expire at the End of their next Session.

Section. 3. He shall from time to time give to the Congress Information of the State of the Union, and recommend to their Consideration such Measures as he shall judge necessary and expedient; he may, on extraordinary Occasions, convene both Houses, or either of them, and in Case of Disagreement between them, with Respect to the Time of Adjournment, he may adjourn them to such Time as he shall think proper; he shall receive Ambassadors and other public Ministers; he shall take Care that the Laws be faithfully executed, and shall Commission all the Officers of the United States.

Section. 4. The President, Vice President and all civil Officers of the United States, shall be removed from Office on Impeachment for, and Conviction of, Treason, Bribery, or other high Crimes and Misdemeanors.

Article III

Section. 1. The judicial Power of the United States, shall be vested in one supreme Court, and in such inferior Courts as the Congress may from time to time ordain and establish. The Judges, both of the supreme and inferior Courts, shall hold their Offices during good Behaviour, and shall, at stated Times, receive for their Services, a Compensation, which shall not be diminished during their Continuance in Office.

Section. 2. The judicial Power shall extend to all Cases, in Law and Equity, arising under this Constitution, the Laws of the United States, and Treaties made, or which shall be made, under their Authority;—to all Cases affecting Ambassadors, other public Ministers and

Consuls;—to all Cases of admiralty and maritime Jurisdiction;—to Controversies to which the United States shall be a Party;—to Controversies between two or more States;— between a State and Citizens of another State;— between Citizens of different States,— between Citizens of the same State claiming Lands under Grants of different States, [and between a State, or the Citizens thereof, and foreign States, Citizens or Subjects.

In all Cases affecting Ambassadors, other public Ministers and Consuls, and those in which a State shall be Party, the supreme Court shall have original Jurisdiction. In all the other Cases before mentioned, the supreme Court shall have appellate Jurisdiction, both as to Law and Fact, with such Exceptions, and under such Regulations as the Congress shall make.

The Trial of all Crimes, except in Cases of Impeachment; shall be by Jury; and such Trial shall be held in the State where the said Crimes shall have been committed; but when not committed within any State, the Trial shall be at such Place or Places as the Congress may by Law have directed.

Section. 3. Treason against the United States, shall consist only in levying War against them, or in adhering to their Enemies, giving them Aid and Comfort.

No Person shall be convicted of Treason unless on the Testimony of two Witnesses to the same overt Act, or on Confession in open Court.

The Congress shall have Power to declare the Punishment of Treason, but no Attainder of Treason shall work Corruption of Blood, or Forfeiture except during the Life of the Person attainted.

Article IV

Section. 1. Full Faith and Credit shall be given in each State to the public Acts, Records, and judicial Proceedings of every other State; And the Congress may by general Laws prescribe the Manner in which such Acts, Records and Proceedings shall be proved, and the Effect thereof.

Section. 2. The Citizens of each State shall be entitled to all Privileges and Immunities of Citizens in the several States.

A Person charged in any State with Treason, Felony, or other Crime, who shall flee from Justice, and be found in another State, shall on Demand of the executive Authority of the State from which he fled, be delivered up, to be removed to the State having Jurisdiction of the Crime.

No Person held to Service or Labour in one State, under the Laws thereof, escaping into another, shall, in Consequence of any Law or Regulation therein, be discharged from such Service or Labour, but shall be delivered up on Claim of the Party to whom such Service or Labour may be due.

Section. 3. New States may be admitted by the Congress into this Union; but no new State shall be formed or erected within the Jurisdiction of any other State; nor any State be formed by the Junction of two or more States, or Parts of States, without the Consent of the Legislatures of the States concerned as well as of the Congress.

The Congress shall have Power to dispose of and make all needful Rules and Regulations respecting the Territory or other Property belonging to the United States; and nothing in this Constitution shall be so construed as to Prejudice any Claims of the United States, or of any particular State.

Section. 4. The United States shall guarantee to every State in this Union a Republican Form of Government, and shall protect each of them against Invasion; and on Application of the Legislature, or of the Executive (when the Legislature cannot be convened) against domestic Violence.

Article V

The Congress, whenever two thirds of both Houses shall deem it necessary, shall propose Amendments to this Constitution, or, on the Application of the Legislatures of two thirds of the several States, shall call a Convention for proposing Amendments, which, in either Case, shall be valid to all Intents and Purposes, as Part of this Constitution, when ratified by the Legislatures of three fourths of the several States, or by Conventions in three fourths thereof, as the one or the other Mode of Ratification may be proposed by the Congress; Provided that no Amendment which may be made prior to the Year One thousand eight hundred and eight shall in any Manner affect the first and fourth Clauses in the Ninth Section of the first Article; and that no State, without its Consent, shall be deprived of its equal Suffrage in the Senate.

Article VI

All Debts contracted and Engagements entered into, before the Adoption of this Constitution, shall be as valid against the United States under this Constitution, as under the Confederation.

This Constitution, and the Laws of the United States which shall be made in Pursuance thereof; and all Treaties made, or which shall be made, under the Authority of the United States, shall be the supreme Law of the Land; and the Judges in every State shall be bound thereby, any Thing in the Constitution or Laws of any State to the Contrary notwithstanding.

The Senators and Representatives before mentioned, and the Members of the several State Legislatures, and all executive and judicial Officers, both of the United States and of the several States, shall be bound by Oath or Affirmation, to support this Constitution; but no religious Test shall ever be required as a Qualification to any Office or public Trust under the United States.

Article VII

The Ratification of the Conventions of nine States, shall be sufficient for the Establishment of this Constitution between the States so ratifying the Same.

done in Convention by the Unanimous Consent of the States present the Seventeenth Day of September in the Year of our Lord one thousand seven hundred and Eighty seven and of the Independence of the United States of America the Twelfth In Witness whereof We have hereunto subscribed our Names,

THE CONSTITUTION

George Washington -- President
and deputy from Virginia

New Hampshire	John Langdon
	Nicholas Gilman
Massachusetts	Nathaniel Gorham
	Rufus King
Connecticut	Wm. Saml. Johnson
	Roger Sherman
New York	Alexander Hamilton
New Jersey	Wil: Livingston
	David Brearley
	Wm. Paterson
	Jona: Dayton
Pennsylvania	B Franklin
	Thomas Mifflin
	Robt Morris
	Geo. Clymer
	Thos. FitzSimons
	Jared Ingersoll
	James Wilson
	Gouv Morris

TEA PARTY NEWS

Delaware	Geo: Read
	Gunning Bedford jun
	John Dickinson
	Richard Bassett
	Jaco: Broom
Maryland	James McHenry
	Dan of St Thos. Jenifer
	Danl Carroll
Virginia	John Blair—
	James Madison Jr.
North Carolina	Wm. Blount
	Richd. Dobbs Spaight
	Hu Williamson
South Carolina	J. Rutledge
	Charles Cotesworth Pinckney
	Charles Pinckney
	Pierce Butler
Georgia	William Few
	Abr Baldwin

Attest William Jackson Secretary

Amendments

Preamble

THE Conventions of a number of the States having at the time of their adopting the Constitution, expressed a desire, in order to prevent misconstruction or abuse of its powers, that further declaratory and restrictive clauses should be added: And as extending the ground of public confidence in the Government, will best insure the beneficent ends of its institution

RESOLVED by the Senate and House of Representatives of the United States of America, in Congress assembled, two thirds of both Houses concurring, that the following Articles be proposed to the Legislatures of the several States, as Amendments to the Constitution of the United States, all or any of which Articles, when ratified by three fourths of the said Legislatures, to be valid to all intents and purposes, as part of the said Constitution; viz.:

ARTICLES in addition to, and Amendment of the Constitution of the United States of America, proposed by Congress, and ratified by the Legislatures of the several States, pursuant to the fifth Article of the original Constitution.

Bill of Rights (First Ten Amendments)

Amendment I.
(Ratified December 15, 1791)

Congress shall make no law respecting an establishment of religion, or prohibiting the free exercise thereof; or abridging the freedom of speech, or of the press, or the right of the people peaceably to assemble, and to petition the Government for a redress of grievances.

Amendment II.
(Ratified December 15, 1791)

A well regulated Militia, being necessary to the security of a free State, the right of the people to keep and bear Arms, shall not be infringed.

Amendment III.
(Ratified December 15, 1791)

No Soldier shall, in time of peace be quartered in any house, without the consent of the Owner, nor in time of war, but in a manner to be prescribed by law.

Amendment IV.
(Ratified December 15, 1791)

The right of the people to be secure in their persons, houses, papers, and effects, against unreasonable searches and seizures, shall not be violated, and no Warrants shall issue, but upon probable cause, supported by Oath or affirmation, and particularly describing the place to be searched, and the persons or things to be seized.

Amendment V.
(Ratified December 15, 1791)

No person shall be held to answer for a capital, or otherwise infamous crime, unless on a presentment or indictment of a Grand Jury, except in cases arising in the land or naval forces, or in the Militia, when in actual service in time of War or public danger; nor shall any person be subject for the same offence to be twice put in jeopardy of life or limb, nor shall be compelled in any criminal case to be a witness against himself, nor be deprived of life, liberty, or property, without due process of law; nor shall private property be taken for public use without just compensation.

Amendment VI.
(Ratified December 15, 1791)

In all criminal prosecutions, the accused shall enjoy the right to a speedy and public trial, by an impartial jury of the State and district wherein the crime shall have been committed; which district shall have been previously ascertained by law, and to be informed of the nature and cause of the accusation; to be confronted with the witnesses against him; to have compulsory process for obtaining witnesses in his favor, and to have the assistance of counsel for his defence.

Amendment VII.
(Ratified December 15, 1791)

In Suits at common law, where the value in controversy shall exceed twenty dollars, the right of trial by jury shall be preserved, and no fact tried by a jury shall be otherwise re-examined in any Court of the United States, than according to the rules of the common law.

Amendment VIII.
(Ratified December 15, 1791)

Excessive bail shall not be required, nor excessive fines imposed, nor cruel and unusual punishments inflicted.

Amendment IX.
(Ratified December 15, 1791)

The enumeration in the Constitution of certain rights shall not be construed to deny or disparage others retained by the people.

Amendment X.
(Ratified December 15, 1791)

The powers not delegated to the United States by the Constitution, nor prohibited by it to the States, are reserved to the States respectively, or to the people.

Amendment XI.
(Ratified February 7, 1795)

The Judicial power of the United States shall not be construed to extend to any suit in law or equity, commenced or prosecuted against one of the United States by Citizens of another State, or by Citizens or Subjects of any Foreign State.

Amendment XII.
(Ratified June 15, 1804)

The Electors shall meet in their respective states, and vote by ballot for President and Vice President, one of whom, at least, shall not be an inhabitant of the same state with themselves; they shall name in their ballots the person voted for as President, and in distinct ballots the person voted for as Vice-President, and they shall make distinct lists of all persons voted for as President, and of all persons voted for as Vice-President, and of the number of votes for each, which lists they shall sign and certify, and transmit sealed to the seat of the government of the United States, directed to the President of the Senate;—The President of the Senate shall, in the presence of the Senate and House of Representatives, open all the certificates and the votes shall then be counted;—The person having the greatest number of votes for President, shall be the President, if such number be a majority of the whole number of Electors appointed; and if no person have such majority, then from the persons having the highest numbers not exceeding three on the list of those voted for as President, the House of Representatives shall choose immediately, by ballot, the President. But in choosing the President, the votes shall be taken by states, the representation from each state having one vote; a quorum for this purpose shall consist of a member or members from twothirds of the states, and a majority of all the states shall be necessary to a choice. And if the House of Representatives shall not choose a President whenever the right of choice shall devolve upon them, before the fourth day of March next following, then the Vice-President shall act as President, as in the case of the death or other constitutional disability of the President–The person having the greatest number of votes as Vice-President, shall be the Vice-President, if such number be a majority of the whole number of Electors appointed, and if no person have a majority, then from the two highest numbers on the list, the Senate shall choose the Vice-President; a quorum for the purpose shall consist of two-thirds of the whole number of Senators, and a majority of the whole number shall be necessary to a choice. But no person constitutionally ineligible to the office of President shall be eligible to that of Vice-President of the United States.

Amendment XIII.
(Ratified December 6, 1875)

Section 1. Neither slavery nor involuntary servitude, except as a punishment for crime whereof the party shall have been duly convicted, shall exist within the United States, or any place subject to their jurisdiction.

Section 2. Congress shall have power to enforce this article by appropriate legislation.

Amendment XIV.
(Ratified July 9, 1868)

Section 1. All persons born or naturalized in the United States and subject to the jurisdiction thereof, are citizens of the United States and of the State wherein they reside. No State shall make or enforce any law which shall abridge the privileges or immunities of citizens of the United States; nor shall any State deprive any person of life, liberty, or property, without due process of law; nor deny to any person within its jurisdiction the equal protection of the laws.

Section 2. Representatives shall be apportioned among the several States according to their respective numbers, counting the whole number of persons in each State, excluding Indians not taxed. But when the right to vote at any election for the choice of electors for President and Vice President of the United States, Representatives in Congress, the Executive and Judicial officers of a State, or the members of the Legislature thereof, is denied to any of the male inhabitants of such State, being twenty-one years of age, and citizens of the United States, or in any way abridged, except for participation in rebellion, or other crime, the basis of representation therein shall be reduced in the proportion which the number of such male citizens shall bear to the whole number of male citizens twenty-one years of age in such State.

Section 3. No person shall be a Senator or Representative in Congress, or elector of President and Vice President, or hold any office, civil or military, under the United States, or under any State, who, having previously taken an oath, as a member of Congress, or as an officer of the United States, or as a member of any State legislature, or as an executive or judicial officer of any State, to support the Constitution of the United States, shall have engaged in insurrection or rebellion against the same, or given aid or comfort to the enemies thereof. But Congress may by a vote of two-thirds of each House, remove such disability.

Section 4. The validity of the public debt of the United States, authorized by law, including debts incurred for payment of pensions and bounties for services in suppressing insurrection or rebellion, shall not be questioned. But neither the United States nor any State shall assume or pay any debt or obligation incurred in aid of insurrection or rebellion against the United States, or any claim for the loss or emancipation of any slave; but all such debts, obligations and claims shall be held illegal and void.

Section 5. The Congress shall have power to enforce, by appropriate legislation, the provisions of this article.

Amendment XV.
(Ratified February 3, 1870)

Section 1. The right of citizens of the United States to vote shall not be denied or abridged by the United States or by any State on account of race, color, or previous condition of servitude.

Section 2. The Congress shall have power to enforce this article by appropriate legislation.

Amendment XVI.
(Ratified February 3, 1913)

The Congress shall have power to lay and collect taxes on incomes, from whatever source derived, without apportionment among the several States, and without regard to any census or enumeration.

Amendment XVII.
(Ratified April 8, 1913)

The Senate of the United States shall be composed of two Senators from each State, elected by the people thereof, for six years; and each Senator shall have one vote. The electors in each State shall have the qualifications requisite for electors of the most numerous branch of the State legislatures. When vacancies happen in the representation of any State in the Senate, the executive authority of such State shall issue writs of election to fill such vacancies: Provided, That the legislature of any State may empower the executive thereof to make temporary appointments until the people fill the vacancies by election as the legislature may direct. This amendment shall not be so construed as to affect the election or term of any Senator chosen before it becomes valid as part of the Constitution.

Amendment XVIII.
(Ratified January 16, 1919; Repealed December 5, 1933)

Section 1. After one year from the ratification of this article the manufacture, sale, or transportation of intoxicating liquors within, the importation thereof into, or the exportation thereof from the United States and all territory subject to the jurisdiction thereof for beverage purposes is hereby prohibited.

Section 2. The Congress and the several States shall have concurrent power to enforce this article by appropriate legislation.

Section 3. This article shall be inoperative unless it shall have been ratified as an amendment to the Constitution by the legislatures of the several States, as provided in the Constitution, within seven years from the date of the submission hereof to the States by the Congress.

Amendment XIX.
(Ratified August 18, 1920)

The right of citizens of the United States to vote shall not be denied or abridged by the United States or by any State on account of sex.
Congress shall have power to enforce this article by appropriate legislation.

Amendment XX.
(Ratified January 23, 1933)

Section 1. The terms of the President and Vice President shall end at noon on the 20th day of January, and the terms of Senators and Representatives at noon on the 3d day of January, of the years in which such terms would have ended if this article had not been ratified; and the terms of their successors shall then begin.

Section 2. The Congress shall assemble at least once in every year, and such meeting shall begin at noon on the 3d day of January, unless they shall by law appoint a different day.

Section 3. If, at the time fixed for the beginning of the term of the President, the President elect shall have died, the Vice President elect shall become President. If a President shall not have been chosen before the time fixed for the beginning of his term, or if the President elect shall have failed to qualify, then the Vice President elect shall act as President until a President shall have qualified; and the Congress may by law provide for the case wherein neither a President elect nor a Vice President elect shall have qualified, declaring who shall then act as President, or the manner in which one who is to act shall be selected, and such person shall act accordingly until a President or Vice President shall have qualified.

Section 4. The Congress may by law provide for the case of the death of any of the persons from whom the House of Representatives may choose a President whenever the right of choice shall have devolved upon them, and for the case of the death of any of the persons from whom the Senate may choose a Vice President whenever the right of choice shall have devolved upon them.

Section 5. Sections 1 and 2 shall take effect on the 15th day of October following the ratification of this article.

Section 6. This article shall be inoperative unless it shall have been ratified as an amendment to the Constitution by the legislatures of three-fourths of the several States within seven years from the date of its submission.

Amendment XXI.
(Ratified December 5, 1933)

Section 1. The eighteenth article of amendment to the Constitution of the United States is hereby repealed.

Section 2. The transportation or importation into any State, Territory, or possession of the United States for delivery or use therein of intoxicating liquors, in violation of the laws thereof, is hereby prohibited.

Section 3. This article shall be inoperative unless it shall have been ratified as an amendment to the Constitution by conventions in the several States, as provided in the Constitution, within seven years from the date of the submission hereof to the States by the Congress.

Amendment XXII.
(Ratified February 27, 1951)

Section 1. No person shall be elected to the office of the President more than twice, and no person who has held the office of President, or acted as President, for more than two years of a term to which some other person was elected President shall be elected to the office of the President more than once. But this Article shall not apply to any person holding the office of President when this Article was proposed by the Congress, and shall not prevent any person who may be holding the office of President, or acting as President, during the term within which this Article becomes operative from holding the office of President or acting as President during the remainder of such term.

Section 2. This article shall be inoperative unless it shall have been ratified as an amendment to the Constitution by the legislatures of three-fourths of the several States within seven years from the date of its submission to the States by the Congress.

Amendment XXIII.
(Ratified March 29, 1961)

Section 1. The District constituting the seat of Government of the United States shall appoint in such manner as the Congress may direct:

A number of electors of President and Vice President equal to the whole number of Senators and Representatives in Congress to which the District would be entitled if it were a State, but in no event more than the least populous State; they shall be in addition to those appointed by the States, but they shall be considered, for the purposes of the election of President and Vice President, to be electors appointed by a State; and they shall meet in the District and perform such duties as provided by the twelfth article of amendment.

Section 2. The Congress shall have power to enforce this article by appropriate legislation.

Amendment XXIV.
(Ratified January 23, 1964)

Section 1. The right of citizens of the United States to vote in any primary or other election for President or

Vice President, for electors for President or Vice President, or for Senator or Representative in Congress, shall not be denied or abridged by the United States or any State by reason of failure to pay any poll tax or other tax.

Section 2. The Congress shall have power to enforce this article by appropriate legislation.

Amendment XXV.
(Ratified February 10, 1967)

Section 1. In case of the removal of the President from office or of his death or resignation, the Vice President shall become President.

Section 2. Whenever there is a vacancy in the office of the Vice President, the President shall nominate a Vice President who shall take office upon confirmation by a majority vote of both Houses of Congress.

Section 3. Whenever the President transmits to the President pro tempore of the Senate and the Speaker of the House of Representatives his written declaration that he is unable to discharge the powers and duties of his office, and until he transmits to them a written declaration to the contrary, such powers and duties shall be discharged by the Vice President as Acting President.

Section 4. Whenever the Vice President and a majority of either the principal officers of the executive departments or of such other body as Congress may by law provide, transmit to the President pro tempore of the Senate and the Speaker of the House of Representatives their written declaration that the President is unable to discharge the powers and duties of his office, the Vice President shall immediately assume the powers and duties of the office as Acting President.

Thereafter, when the President transmits to the President pro tempore of the Senate and the Speaker of the House of Representatives his written declaration that no inability exists, he shall resume the powers and duties of his office unless the Vice President and a majority of either the principal officers of the executive department or of such other body as Congress may by law provide, transmit within four days to the President pro tempore of the Senate and the Speaker of the House of Representatives their written declaration that the President is unable to discharge the powers and duties of his office. Thereupon Congress shall decide the issue, assembling within forty-eight hours for that purpose if not in session. If the Congress, within twenty-one days after receipt of the latter written declaration, or, if Congress is not in session, within twenty-one days after Congress is required to assemble, determines by two-thirds vote of both Houses that the President is unable to discharge the powers and duties of his office, the Vice President shall continue to discharge the same as Acting President; otherwise, the President shall resume the powers and duties of his office.

Amendment XXVI.
(Ratified July 1, 1971)

Section 1. The right of citizens of the United States, who are eighteen years of age or older, to vote shall not be denied or abridged by the United States or by any State on account of age.

Section 2. The Congress shall have power to enforce this article by appropriate legislation.

Amendment XXVII.
(Submitted September 25, 1789; Ratified May 7, 1992)

No law, varying the compensation for the services of the Senators and Representatives, shall take effect, until an election of Representatives shall have intervened.

CAPÍTULO DOCE
LA CONSTITUCIÓN DE LA
ESTADOS UNIDOS DE AMÉRICA

Redactado durante la Convención Constitucional de Filadelfia en 1787, firmado el 17 de septiembre de 1787, y ratificado por nueve estados el 21 de junio de 1788.

Nosotros, el Pueblo de los Estados Unidos, con el fin de formar una Unión más perfecta, establecer la Justicia, afirmar la tranquilidad interior, proveer a la defensa común, promover el bienestar general y asegurar los beneficios de la libertad para nosotros y para nuestros descendientes, ordenamos y establecemos esta Constitución para los Estados Unidos de América.

Artículo I

Sección 1. Todos los poderes legislativos otorgados por esta Constitución residirán en un Congreso de los Estados Unidos, que se compondrá de un Senado y una Cámara de Representantes.

Sección 2. La Cámara de Representantes se compondrá de miembros elegidos cada dos años por los habitantes de los diversos Estados, y los electores de cada Estado deberán cumplir las condiciones requeridas para ser electores de la rama más numerosa de la Legislatura local.

No podrá ser representante ninguna persona que no haya cumplido la edad de veinticinco años, que no haya sido siete años ciudadano de los Estados Unidos, y que no sea habitante del Estado en el cual se le designe, al tiempo de la elección.

Los representantes y los impuestos directos se prorratearán entre los distintos Estados que formen parte de esta Unión, de acuerdo con su población respectiva, la cual se determinará sumando el número total de personas libres, inclusive las obligadas a prestar servicios durante cierto término de años, y excluyendo a los indios no sujetos al pago de impuestos, las tres quintas partes de todas las personas restantes. El recuento deberá hacerse efectivamente dentro de los tres años posteriores a la primera reunión del Congreso de los Estados Unidos y en lo sucesivo cada diez años, en la forma como lo determine la ley. El número de representantes no excederá de uno por cada treinta mil, pero cada Estado tendrá por lo menos un representante; y hasta que dicho recuento se realice, el Estado de Nueva Hampshire tendrá derecho a elegir tres; Massachusetts, ocho; Rhode Island y las Plantaciones de Providence, uno; Connecticut, cinco; Nueva York, seis; Nueva Jersey, cuatro; Pensilvania, ocho; Delaware, uno; Maryland, seis; Virginia, diez; Carolina del Norte, cinco; Carolina del Sur, cinco; y Georgia, tres.

Cuando ocurran vacantes en la representación de cualquier Estado, la autoridad ejecutiva del mismo convocará a elecciones para completar dichas vacantes.

La Cámara de Representantes elegirá su presidente y demás funcionarios y será la única facultada de realizar un Juicio Político.

Sección 3. El Senado de los Estados Unidos se compondrá de dos senadores por cada Estado, elegidos por la Asamblea Legislativa del mismo por seis años, y cada senador dispondrá de un voto.

Tan pronto como se hayan reunido en virtud de la elección inicial, se repartirán en tres grupos tan iguales como fuera posible. Las bancas de los senadores del primer grupo quedarán vacantes después culminado el segundo año; las del segundo grupo expirarán al cuarto año, y las del tercer grupo al vencimiento del año sexto; de manera tal que sea factible elegir una tercera parte cada dos años, y si ocurrieran vacantes, por renuncia u otra causa, durante el receso de la legislatura de cualquier Estado, el Ejecutivo de éste podrá hacer designaciones provisionales hasta la próxima reunión de la Asamblea Legislativa, que procederá a cubrir dichas vacantes.

No podrás ser senador ninguna persona que no haya cumplido 30 años de edad y sido ciudadano de los Estados Unidos durante nueve años y que, al tiempo de la elección, no sea habitante del Estado por parte del cual fue designado.

El Vicepresidente de los Estados Unidos será Presidente del Senado, pero no tendrá voto, salvo en caso de empate.

El Senado elegirá a sus demás autoridades, así como un presidente pro tempore, en ausencia del Vicepresidente o cuando éste se halle desempeñando el cargo de Presidente de los Estados Unidos.

El Senado poseerá derecho exclusivo de juzgar sobre todas las acusaciones por Juicio Político. Cuando se reúna con este objetivo, sus miembros deberán prestar un juramento o promesa. Cuando el Presidente de los Estados Unidos fuera juzgado, el Presidente del

Tribunal Supremo será presidente. Y a ninguna persona se le condenará si no concurriera el voto de dos tercios de los miembros presentes.

La sentencia en los casos de Juicio Político no se prolongará más allá de la separación del cargo y la inhabilitación para ocupar y disfrutar de cualquier empleo honorífico, de confianza o remunerado en los Estados Unidos; pero no obstante, el individuo condenado quedará expuesto y sujeto a acusación, juicio, sentencia y castigo, de acuerdo con la ley.

Sección 4. Cada Legislatura respectiva prescribirá el tiempo, lugar y modo de celebrar las elecciones para senadores y representantes, pero el Congreso podrá en cualquier momento por la Ley hacer o alterar las reglas, excepto en cuanto a los lugares de elección de los senadores.

El Congreso se reunirá por lo menos una vez cada año, y esta reunión será el primer lunes de diciembre, a menos de que por ley se fije otro día.

Sección 5. Cada Cámara calificará las elecciones, los informes sobre escrutinios y la capacidad legal de sus respectivos miembros, y una mayoría de cada una constituirá el *quórum* necesario para deliberar; pero un número menor puede suspender las sesiones de un día para el otro, y puede ser autorizada para obligar a la asistencia a los miembros ausentes, del modo y bajo las penas que cada Cámara pudiera proveer.

Cada Cámara puede elaborar su reglamento interior, castigar a sus miembros cuando se conduzcan indebidamente, y con el asentimiento de dos tercios, excluir a un miembro.

Cada Cámara llevará un diario de sesiones y lo publicará de forma periódica, con excepción de aquellas partes que a su juicio exijan reserva; y a petición de la quinta parte de los presentes de una, se asentarán en el diario los votos afirmativos y negativos de los miembros de una u otra Cámara sobre cualquier asunto.

Durante el período de sesiones del Congreso ninguna de las Cámaras puede suspenderlas por mas de tres días ni acordar que se celebrarán en lugar diverso de aquél en que se reúnen ambas Cámaras sin el consentimiento de la otra.

Sección 6. Los Senadores y Representantes recibirán una compensación por sus servicios, que será fijada por la ley y pagada por el Tesoro de los Estados Unidos. En todos los casos, exceptuando los de traición, delito grave y perturbación del orden publico, gozarán del privilegio de no ser arrestados durante el tiempo en que asistan a las sesiones de sus respectivas Cámaras, así como al ir a ellas o regresar de las mismas, y no podrán ser objeto en ningún otro sitio de inquisición alguna con motivo de cualquier discusión o debate en una de las Cámaras.

Durante el tiempo por el cual fue elegido, ningún Senador ni Representante podrá ser nombrado para cualquier empleo civil que dependa de los Estados Unidos, que haya sido creado o cuyos emolumentos hayan sido aumentados durante dicho tiempo, y ninguna persona que ocupe un cargo en los Estados Unidos será miembro de las Cámaras mientras continúe en funciones.

Sección 7. Todo proyecto de ley que tenga por objeto la obtención de ingresos deberá proceder primeramente de la Cámara de Representantes; pero el Senado podrá proponer reformas o convenir en ellas de la misma manera que tratándose de otros proyectos.

Antes de que sea ley, todo proyecto aprobado por la Cámara de Representantes y por el Senado, deberá ser presentado al Presidente de los Estados Unidos; si éste lo aprueba, lo firmará, pero si no, lo devolverá con su objeciones a la Cámara en la que se originó, la que insertará íntegras las objeciones en su diario y procederá a reconsiderarlo. Si después de dicha reconsideración dos tercios de esa Cámara estuvieran de acuerdo en aprobar el proyecto, se remitirá, junto con las objeciones, a la otra Cámara, por la cual también volverá a ser reconsiderado, y si fuera aprobada por dos tercios de dicha Cámara, se convertirá en ley. Pero en todos estos casos los votos de ambas Cámaras serán determinados por votos afirmativos y negativos, y los nombres de las personas que voten a favor y en contra del proyecto se asentarán en el Diario de la Cámara que corresponda. Si un proyecto no fuera devuelto por el Presidente dentro de lo diez días posteriores a que se lo hubieran presentado (exceptuando los domingos), éste se convertirá en ley de igual manera como si lo hubiera firmado, a menos de que al suspender el Congreso sus sesiones impidiera su devolución, en cuyo caso no será ley.

Toda orden, resolución o votación para la cual sea necesaria la concurrencia del Senado y la Cámara de Representantes (salvo en materia de suspensión de las sesiones), se presentará al Presidente de los Estados Unidos y no tendrá efecto antes de ser aprobada por él o de ser aprobada nuevamente por dos tercios del Senado y de la Cámara de Representantes, en el caso de que la rechazare, de conformidad con las reglas y limitaciones prescritas en el caso de un proyecto de ley.

Sección 8. El Congreso tendrá facultad para imponer y recaudar contribuciones, derechos, impuestos y tasas, para pagar deudas y proveer a la defensa común y bienestar general de los Estados Unidos; pero todos los derechos, impuestos y tasas serán uniformes en todos los Estados Unidos;

Para contraer empréstitos a cargo del crédito de los Estados Unidos;

Para reglamentar el comercio con las naciones extranjeras, entre los diferentes Estados y con las tribus indias;

Para establecer un régimen uniforme de naturalización y leyes uniformes en materia de quiebra en todos los Estados Unidos;

Para acuñar monedas y determinar su valor y el de la moneda extranjera, y fijar una Norma de Pesos y Medidas;

Para proveer el castigo necesario a quienes falsifiquen los títulos y la moneda corriente de los Estados Unidos;

Para establecer oficinas de correos y caminos de posta;

Para promover el progreso de la ciencia y de las artes útiles, asegurando por un tiempo limitado a los autores e inventores el derecho exclusivo sobre sus respectivos escritos y descubrimientos;

Para crear tribunales inferiores al Tribunal Supremo;

Para definir y castigar la piratería y otros delitos graves cometidos en alta mar y violaciones al derecho de las Naciones;

Para declarar la guerra, otorgar patentes de corso y represalias y para dictar reglas con relación a las presas de mar y tierra;
Para reclutar y mantener ejércitos, pero ninguna autorización presupuestaria de fondos que tuviera ese destino será por un plazo superior a los dos años;

Para habilitar y mantener una armada;

Para dictar reglas para el gobierno y ordenanza de las fuerzas terrestres y navales;

Para disponer cuándo debe convocarse a la milicia nacional para cumplir las leyes de la Unión, sofocar las insurrecciones y rechazar las invasiones;

Para proveer lo necesario para organizar, armar y disciplinar a la milicia y para gobernar aquella parte de ésta que se utilice en servicio de los Estados Unidos; reservándose a los Estados correspondientes el nombramiento de los oficiales y la facultad de instruirlas conforme a la disciplina prescrita por el Congreso.

Para legislar de manera exclusiva en todo lo referente al Distrito (que no podrá exceder de diez millas cuadradas) que por cesión de determinados Estados y aceptación del Congreso, fuera convertido en sede del Gobierno de los Estados Unidos, y para ejercer como autoridad sobre todos los lugares adquiridos con el consentimiento de la Legislatura del Estado en el que el mismo será, para la construcción de fuertes, almacenes, arsenales, astilleros y otros edificios necesarios; Y

Para sancionar todas las leyes que sean necesarias y convenientes para llevar a ejecución los poderes anteriores descritos y todos las demás que esta Constitución confiera al Gobierno de los Estados Unidos, o a cualquiera de sus departamentos o funcionarios.

Sección 9. El Congreso no podrá prohibir antes del año de mil ochocientos ocho la inmigración o importación de personas que cualquiera de los Estados ahora existentes estimara oportuno admitir, pero puede imponer sobre dicha importación una contribución o derecho que no pase de los 10 dólares por cada persona.

El privilegio del auto de *Habeas Corpus* no se suspenderá, salvo en casos de rebelión o invasión, en los que la seguridad pública lo exigiera.

No se aplicarán decretos de proscripción ni leyes *ex post facto*.

No se establecerá ningún impuesto directo ni de capitación, como no sea proporcionalmente al censo o recuento que antes se ordenó practicar.

Ningún impuesto o derecho se establecerá sobre los artículos que se exporten desde cualquier Estado.

Los puertos de un Estado no gozarán de preferencia sobre los de ningún otro: tampoco las embarcaciones que se dirijan a un Estado o procedan de él estarán obligadas a ingresar por algún otro, despachar en él sus documentos o cubrirle derechos.

Ninguna cantidad podrá extraerse del tesoro, si no es como consecuencia de asignaciones autorizadas la ley; de tiempo en tiempo deberá publicarse un estado de cuenta ordenado de los ingresos y gastos del tesoro.

Los Estados Unidos no concederán ningún título de nobleza y ninguna persona que ocupe un empleo remunerado u honorífico que dependa de ellos aceptará ningún regalo, emolumento, empleo o título, sea de la clase que fuere, de cualquier monarca, príncipe o Estado extranjero, sin consentimiento del Congreso.

Sección 10. Ningún Estado celebrará tratado, alianza o confederación algunos; otorgará patentes de corso y represalias; acuñará moneda, emitirá papel moneda, legalizará cualquier cosa que no sea la moneda de oro y plata como medio de pago de las deudas; aprobará decretos de proscripción, leyes *ex post facto* o leyes que menoscaben las obligaciones que derivan de los contratos, ni concederá título alguno de nobleza.

Ningún Estado podrá, sin el consentimiento del Congreso, fijar impuestos o derechos sobre importaciones o exportaciones, con excepción de lo que pudiera ser absolutamente necesario para la ejecución de sus leyes de inspección; y el producto neto de todos los derechos e impuestos que establezcan los Estados sobre las importaciones las exportaciones, será para el uso del Tesoro de los Estados Unidos, y todas las leyes estarán sujetas a la revisión y vigilancia del Congreso.

Ningún Estado podrá, sin el consentimiento del Congreso, imponer derechos de tonelaje, mantener tropas o navíos de guerra en tiempo de paz, celebrar convenio o pacto alguno con otro Estado, o con una potencia extranjera, o hacer la guerra, a menos que sea invadido realmente o esté en peligro tan inminente que no admita demora.

Artículo II

Sección 1. El poder ejecutivo residirá en el Presidente de los Estados Unidos de América. Desempeñará su cargo durante un término de cuatro años, y, junto con el Vicepresidente designado para el mismo período, será elegido de la siguiente manera:

Cada Estado nombrará, del modo en que su legislatura los disponga, un número de electores igual al número total de Senadores y Representantes al que el Estado tenga derecho en el Congreso; pero ningún senador, ni representante, ni persona que ocupe un cargo honorífico o remunerado en los Estados Unidos podrá ser designado como elector.

Los electores se reunirán en sus respectivos Estados y votarán por dos personas mediante cédulas, de las cuales una al menos no deberá ser habitante del mismo

Estado que ellos. Harán una lista de todas las personas que votaron a favor, y del número de votos para cada una; esta lista deberá ser firmada y certificada, y la remitirán sellada a la Sede del Gobierno de los Estados Unidos, dirigidas al Presidente del Senado. El Presidente del Senado, en presencia del Senado y de la Cámara de Representantes, abrirá todos los certificados y a continuación los votos serán contados. La persona que obtenga el mayor número de votos será el Presidente, si dicho número constituye la mayoría del número total de electores nombrados; si hubiera más de uno que alcanzara esa mayoría y tuvieran un número igual de votos, entonces la Cámara de Representantes elegirá por votación inmediata a uno de ellos para presidente; y si ninguna persona tuviera mayoría, la Cámara elegirá de la misma manera al Presidente entre los cinco más altos en la referida lista. Pero en la elección del Presidente, los votos deberán ser adoptados por los Estados, y la representación de cada uno de ellos es un voto. El *quórum* para este propósito consistirá de un miembro o miembros de los dos tercios de los Estados, y será necesaria para decidir una mayoría de todos los Estados. En todos los casos, después de la elección del Presidente, la persona que obtenga el mayor número de votos de Electores será el Vicepresidente. Pero si quedaran dos o más con igual cantidad de votos, el Senado por votación elegirá entre ellos al vicepresidente.

El Congreso podrá fijar la época de designación de los electores, así como el día en que deberán emitir sus votos, el cual deberá ser el mismo en todos los Estados Unidos.

Solamente las personas que sean ciudadanas por nacimiento o que hayan sido ciudadanos de los Estados Unidos al tiempo de adoptarse esta Constitución, serán elegibles para el cargo de Presidente; tampoco será elegible una persona que no hubiera cumplido los 35 años de edad y que no hubiera residido 14 años en los Estados Unidos.

En caso de destitución del presidente de su cargo, o de su muerte, renuncia o incapacidad para ejercer los derechos y deberes de dicha magistratura, ésta pasará al Vicepresidente y el Congreso podrá prever mediante una ley para el caso de destitución, muerte, renuncia o incapacidad, tanto del Presidente y como del Vicepresidente, declarar entonces qué funcionario actuará como Presidente, y tal funcionario deberá actuar en consecuencia hasta que la imposibilidad sea eliminada o fuera electo un presidente.

El Presidente recibirá una remuneración por sus servicios en las épocas que se determinarán, la cual no podrá ser aumentada ni disminuida durante el período para el cual haya sido designado ni podrá recibir durante ese tiempo ningún otro emolumento de parte de los Estados Unidos o de cualquiera de éstos.

Antes de entrar a desempeñar su cargo, prestará el siguiente juramento o promesa: "Juro (o prometo) solemnemente que desempeñaré legalmente el cargo de Presidente de los Estados Unidos y que sostendré, protegeré y defenderé a la Constitución de los Estados Unidos, empleando en ello el máximo de mis facultades".

Sección 2. El Presidente será el comandante en jefe del Ejército y de la Armada de los Estados Unidos, y de las milicias de los diversos Estados cuando se las llame al servicio activo; podrá solicitar la opinión por escrito del funcionario principal en cada uno de los departamentos administrativos sobre cualquier asunto relacionado con los deberes de sus respectivos cargos, y estará facultado para conceder indultos y perdones por delitos contra los Estados Unidos, excepto en los casos de Juicio Político.

Tendrá facultad, con el consejo y consentimiento del Senado, para celebrar tratados, con tal de que den su anuencia dos tercios de los senadores presentes; y con el consejo y la aprobación del Senado nombrará a los embajadores, los demás ministros públicos y los cónsules, magistrados del Tribunal Supremo y a todos los demás funcionarios de los Estados Unidos a cuya designación no provea este documento en otra forma y que hayan sido establecidos por ley. Pero el Congreso podrá atribuir el nombramiento de los funcionarios inferiores que considere convenientes, por medio de una ley, al Presidente solo, a los tribunales judiciales o a los jefes de los departamentos.

El Presidente tendrá el derecho de cubrir todas las vacantes que ocurran durante el receso del Senado, extendiendo nombramientos provisionales que terminarán al final de su próxima sesión.

Sección 3. Periódicamente deberá proporcionar al Congreso informes sobre el estado de la Nación, recomendando las medidas que a su consideración estime necesarias y convenientes; en ocasiones de carácter extraordinario podrá convocar a ambas Cámaras o a cualquiera de ellas, y en el supuesto de que discreparan en cuanto a la fecha en que deban entrar en receso, podrá suspender sus sesiones, fijándoles para que las reanuden la fecha que considere conveniente; recibirá a los embajadores y otros ministros públicos; cuidará de que las leyes se ejecuten puntualmente y extenderá las órdenes a todos los funcionarios de los Estados Unidos.

Sección 4. El Presidente, Vicepresidente y todos los funcionarios civiles de los Estados Unidos serán separados de sus puestos al ser acusados y declarados culpables de crímenes de traición, cohecho u otros delitos o faltas graves.

Artículo III

Sección 1. Se depositará el poder judicial de los Estados Unidos en un Tribunal Supremo y en los tribunales inferiores que el Congreso instituya y establezca en lo sucesivo. Los jueces, tanto del Tribunal Supremo como de los inferiores, continuarán en sus funciones mientras observen buena conducta, y recibirán en periodos fijos una remuneración por sus servicios que no será disminuida durante el tiempo de su labor.

Sección 2. El Poder Judicial entenderá en todas las controversias, tanto de derecho escrito como de equidad, que surjan como consecuencia de esta Constitución, de las leyes de los Estados Unidos y de los tratados celebrados o que se celebren bajo su autoridad; en todas las controversias que se relacionen con embajadores, otros ministros públicos y cónsules; en todas las controversias de la jurisdicción de almirantazgo y marítima; en las controversias en que sean parte los Estados Unidos; en las controversias entre dos o más Estados, entre un Estado y los ciudadanos de otro, entre ciudadanos de Estados diferentes, entre ciudadanos del mismo Estado que reclamen tierras en virtud de concesiones de diferentes Estados y entre un Estado o los ciudadanos del mismo y Estados, ciudadanos o súbditos extranjeros.

En todos los casos que se relacionen con embajadores, otros ministros públicos y cónsules, y aquéllos en los que un Estado sea parte, la Corte Suprema ejercerá jurisdicción originaria. En todos los demás casos que antes se mencionaron, el Tribunal Supremo tendrá jurisdicción en apelación, tanto de hecho como de derecho, con las excepciones y con arreglo a la reglamentación que formule el Congreso.

Todos los delitos serán juzgados por medio de un jurado, excepto en los casos de Juicio Político; y tal juicio tendrá lugar en el Estado en que el delito se haya cometido; pero cuando no se haya cometido dentro de ningún Estado, el juicio se celebrará en el lugar o lugares que el Congreso haya dispuesto por medio de una ley.

Sección 3. La traición contra los Estados Unidos consistirá sólo alzarse en guerra contra ellos, o en unirse a sus enemigos, dándoles ayuda y protección. Ninguna persona será condenada por traición si no es sobre la base de la declaración de dos testigos que hayan presenciado abiertamente el mismo acto perpetrado, o en base a una confesión en sesión pública de un tribunal.

El Congreso estará facultado para fijar la pena que corresponda a la traición; pero ninguna sentencia por causa de traición podrá privar del derecho de heredar, ni producirá la confiscación de sus bienes más que en vida de la persona condenada.

Artículo IV

Sección 1. Se dará entera fe y crédito en cada Estado a los actos públicos, registros y procedimientos judiciales de todos los demás. Y el Congreso podrá prescribir, mediante leyes generales, la forma en que dichos actos, registros y procedimientos se probarán y el efecto que producirán.

Sección 2. Los ciudadanos de cada Estado tendrán derecho a todos los privilegios e inmunidades de los ciudadanos en los diversos Estados.

La persona acusada en cualquier Estado por traición, delito grave u otro crimen, que huya de la Justicia y se encuentre en otro Estado, será entregada, al solicitarlo así la autoridad ejecutiva del Estado del que se haya fugado, con el objeto de que sea conducida al Estado que posea jurisdicción sobre el delito.

Las personas obligadas a servir o laborar en un Estado, con arreglo a las leyes de éste, que escapen a otros, no quedarán liberadas de dichos servicios o trabajo a consecuencia de cualesquiera leyes o reglamentos del segundo, sino que serán entregadas al reclamarlo la parte interesada a quien se deba tal servicio o trabajo.

Sección 3. El Congreso podrá admitir nuevos Estados en la Unión, pero ningún nuevo Estado podrá formarse o erigirse dentro de la jurisdicción de otro Estado, ni se podrá formar un Estado de la unión de dos o más Estados o partes de los Estados, sin el consentimiento de las legislaturas de los Estados interesados, así como del Congreso.

El Congreso tendrá facultad para disponer y hacer todas las Reglas y Reglamentos necesarios respecto a los Territorios y otros bienes que pertenezcan a los Estados Unidos; y ninguna parte de esta Constitución se interpretará en un sentido en que cause perjuicio a los derechos aducidos por los Estados Unidos o por cualquier Estado individual.

Sección 4. Los Estados Unidos garantizarán a todo Estado de esta Unión una forma republicana de gobierno y protegerán a cada uno de ellos frente a invasiones; y a pedido de la Legislatura o el Ejecutivo (cuando aquélla no pudiera ser convocada) contra la violencia interior.

Artículo V

Siempre que dos terceras partes de ambas Cámaras lo juzguen necesario, el Congreso propondrá enmiendas a esta Constitución, o bien, a solicitud de las legislaturas de dos tercios de los Estados, convocará una convención para proponer enmiendas, las cuales, en uno u otro caso, poseerán la misma validez como si fueran parte de esta Constitución, desde todos los puntos de vista y para cualesquiera fines, una vez que hayan sido ratificadas por las legislaturas de las tres cuartas partes de los Estados separadamente o por medio de convenciones reunidas en tres cuartos de los mismos, según que el Congreso haya propuesto uno u otro modo de hacer la ratificación, y a condición de que antes del año de mil ochocientos ocho no podrá hacerse ninguna enmienda que modifique en cualquier forma las cláusulas primera y cuarta de la sección novena del artículo primero y de que a ningún Estado se le privará, sin su consentimiento, de la igualdad de voto en el Senado.

Artículo VI

Todas las deudas contraídas y compromisos adquiridos antes de la adopción de esta Constitución, serán tan válidos en contra de los Estados Unidos bajo imperio de esta Constitución, como bajo el de la Confederación.

Esta Constitución y las leyes de los Estados Unidos que se aprueben en cumplimiento de la misma, y todos los tratados celebrados o a celebrarse bajo la autoridad de los Estados Unidos, serán la ley suprema del país, y los jueces de cada Estado estarán obligados a observarlos, a pesar de cualquier cosa en contrario que se encuentre en la Constitución o en las leyes de cualquier Estado.

Los Senadores y Representantes antes mencionados, y los miembros de las legislaturas de varios Estados, y todos los funcionarios ejecutivos y judiciales, tanto de los Estados Unidos como de los diversos Estados, se obligarán mediante juramento o promesa a sostener esta Constitución; pero nunca se exigirá una declaración religiosa como condición para ocupar ningún empleo o mandato público de los Estados Unidos.

Artículo VII

La ratificación de las Convenciones de nueve Estados será suficiente para el establecimiento de esta Constitución entre los Estados que la ratifiquen.

Dada en la Convención, por consentimiento unánime de los Estados presentes, el día 17 de septiembre del año de Nuestro Señor de mil setecientos ochenta y siete y decimosegundo de la Independencia de los Estados Unidos de América. Dando fe de lo cual, hemos firmado con nuestros nombres,

George Washington -- Presidente
y delegado de Virginia

New Hampshire	John Langdon
	Nicholas Gilman
Massachusetts	Nathaniel Gorham
	Rufus King
Connecticut	Wm. Saml. Johnson
	Roger Sherman
Nueva York	Alexander Hamilton
Nueva Jersey	Wil: Livingston
	David Brearley
	Wm. Paterson
	Jona: Dayton

LA CONSTITUCIÓN

Pensilvania

B Franklin
Thomas Mifflin
Robt Morris
Geo. Clymer
Thos. FitzSimons
Jared Ingersoll
James Wilson
Gouv Morris

Delaware

Geo: Read
Gunning Bedford jun
John Dickinson
Richard Bassett
Jaco: Broom

Maryland

James McHenry
Dan of St Thos. Jenifer
Danl Carroll

Virginia

John Blair—
James Madison Jr.

Carolina del Norte

Wm. Blount
Richd. Dobbs Spaight
Hu Williamson

Carolina del Sur

J. Rutledge
Charles Cotesworth Pinckney
Charles Pinckney
Pierce Butler

Georgia

William Few
Abr Baldwin

Da fe William Jackson Secretario

Enmiendas

Preámbulo

Las Convenciones de un número de Estados que en el momento de adoptar la Constitución, con el fin de evitar la mala interpretación o el abuso de sus atribuciones, expresaron su deseo de que entre las cláusulas declaratorias y restrictivas se añadiera: Y al ampliar la base de confianza pública en el Gobierno, será mejor asegurar los fines benéficos de su institución. El Senado y la Cámara de Representantes de los Estados Unidos de América, reunidos en Congreso, con la concurrencia de dos tercios de ambas Cámaras, resolvieron que los siguientes artículos serán propuestos a las legislaturas de los diversos Estados, como enmiendas a la Constitución de los Estados Unidos, señalando que todos o algunos de los artículos que hubieran sido ratificados por las tres cuartas partes de las mencionadas legislaturas, tendrán vigencia a todo efecto como parte de esta Constitución, a saber:
Artículos agregados y en enmienda a la Constitución de los Estados Unidos de América, propuestos por el Congreso, y ratificados por las Legislaturas de los diversos Estados, de conformidad con el artículo quinto de la Constitución original.

Declaración de Derechos (diez primeras enmiendas)

Enmienda I.
(Ratificada el 15 de diciembre de de 1791)

El Congreso no sancionará ninguna ley respecto al establecimiento de alguna religión, o prohibiendo el ejercicio libre de la misma o coartando la libertad de expresión o de prensa o el derecho del pueblo a reunirse pacíficamente, ni para pedir al gobierno la reparación de agravios.

Enmienda II.
(Ratificada el 15 de diciembre de 1791)

Siendo necesaria una milicia bien ordenada para la seguridad de un Estado libre, no se violará el derecho del pueblo a poseer y portar armas.

Enmienda III.
(Ratificada el 15 de diciembre de 1791)

En tiempo de paz a ningún militar se le alojará en casa alguna sin el consentimiento del propietario; ni en tiempo de guerra, como no sea en la forma en que lo prescriba la ley.

Enmienda IV.
(Ratificada el 15 de diciembre de 1791)

Será inviolable el derecho de los habitantes a que sus personas, domicilios, papeles y efectos se hallen a salvo de pesquisas y aprehensiones arbitrarias, y no se expedirán al efecto mandamientos que no se apoyen en un motivo verosímil, estén corroborados mediante juramento o promesa y describan con particularidad el lugar que deba ser registrado y las personas o cosas que han de ser detenidas o embargadas.

Enmienda V.
(Ratificada el 15 de diciembre de 1791)

Nadie estará obligado a responder por un delito castigado con pena capital o infamante, si un gran jurado no lo denunciara o acusara, a excepción de los casos que se presenten en las fuerzas de mar o tierra o en la milicia nacional, cuando se encuentre en servicio efectivo en tiempo de guerra o peligro público; tampoco se pondrá a persona alguna dos veces en peligro de perder la vida o algún miembro con motivo del mismo delito; ni se le compelerá a declarar contra sí misma en ningún juicio criminal; ni se le privará de la vida, la libertad o la propiedad sin el debido proceso legal; ni se ocupará la propiedad privada para uso público sin una justa indemnización.

Enmienda VI.
(Ratificada el 15 de diciembre de 1791)

En toda causa penal, el acusado gozará del derecho a un juicio rápido y público, por un jurado imparcial del Estado y distrito donde el delito se haya cometido -tal distrito deberá haber sido determinado previamente por ley-, a ser informado de la naturaleza y causa de la acusación, a que se le caree con los testigos que depongan en su contra, a que se obligue a comparecer a los testigos que le favorezcan, y a contar con la asistencia de un abogado que lo defienda.

Enmienda VII.
(Ratificada el 15 de diciembre de 1791)

En litigios bajo el derecho consuetudinario en que el valor en controversia excediera veinte dólares, el derecho a juicio por jurado será garantizado, y ningún hecho juzgado por un jurado será objeto de nuevo examen en tribunal alguno de los Estados Unidos, de acuerdo con las reglas del derecho común.

Enmienda VIII.
(Ratificada el 15 de diciembre de 1791)

No se exigirán fianzas excesivas, ni se impondrán multas excesivas, ni castigos crueles e inusuales.

Enmienda IX.
(Ratificada el 15 de diciembre de 1791)

No deberá entenderse que la enumeración en la Constitución de ciertos derechos, niega o menosprecia otros que conserva el pueblo.

Enmienda X.
(Ratificada el 15 de diciembre de 1791)

Los poderes no delegados a los Estados Unidos por la Constitución, ni prohibidos por ella a los Estados, están reservados a los Estados respectivamente o al pueblo.

Enmienda XI.
(Ratificada el 7 de febrero 1795)

El poder judicial de los Estados Unidos no debe interpretarse que se extiende a cualquier litigio de derecho estricto o de equidad que se inicie o prosiga contra uno de los Estados Unidos por ciudadanos de otro Estado o por ciudadanos o súbditos de cualquier Estado extranjero.

Enmienda XII.
(Ratificada el 15 de junio 1804)

Los electores se reunirán en sus respectivos Estados y votarán mediante cédulas para Presidente y Vicepresidente, uno de los cuales, al menos, no deberá ser habitante del mismo Estado que ellos; designarán en sus papeletas a la persona por quien votan para Presidente, y en papeletas distintas a la persona que eligen para Vicepresidente, y formarán listas separadas de todas las personas que reciban votos para Presidente, y de todas las personas votadas para Vicepresidente, y del número de votos para cada uno, cuyas listas deberán ser firmadas y certificadas, y se remitirán selladas a la sede del gobierno de los Estados Unidos, dirigida al Presidente del Senado. El Presidente del Senado, en presencia del Senado y de la Cámara de Representantes, abrirá todos los certificados y los votos serán contados. La persona que obtenga el mayor número de votos para Presidente será Presidente, siempre que dicho número represente la mayoría del número total de electores nombrados; y si ninguna persona obtuviera tal mayoría, entonces de entre las tres personas de la lista que hayan tenido la mayor cantidad de votos para Presidente, la Cámara de Representantes elegirá de inmediato, por votación, al Presidente. Pero en la elección del Presidente, la votación se hará por estados, la representación de cada Estado será de un voto; el quórum necesario para este propósito se compondrá de un miembro o miembros de las dos terceras partes de los estados, y será necesario contar en la sala con la mayoría de todos los estados para una elección. Y si la Cámara de Representantes no eligiere Presidente, en los casos en que recaiga en ella el derecho de escogerlo, antes del día cuatro de marzo inmediato siguiente, entonces el Vicepresidente actuará como Presidente, de la misma manera que en el caso de muerte o de otro impedimento constitucional del Presidente. La persona que obtenga el mayor número de votos para Vicepresidente, será el Vicepresidente, si dicho número constituye la mayoría del número total de electores nombrados; y si ninguna persona reúne la mayoría, entonces el Senado escogerá al Vicepresidente entre las dos con mayor cantidad de votos que figuran en la lista; para este objeto habrá quórum con las dos terceras partes del número total de senadores y será necesaria la mayoría del número total para que la elección se tenga por hecha. Pero ninguna persona inelegible para el cargo de Presidente será elegible para el de Vicepresidente de los Estados Unidos.

Enmienda XIII.
(Ratificada el 6 de diciembre 1875)

Sección 1. Ni en los Estados Unidos ni en ningún lugar sujeto a su jurisdicción habrá esclavitud ni trabajo forzado, excepto como castigo de un delito del que el responsable haya quedado debidamente convicto.

Sección 2. El Congreso tendrá facultades para hacer cumplir este artículo mediante leyes apropiadas.

Enmienda XIV.
(Ratificada el 9 de julio 1868)

Sección 1. Todas las personas nacidas o naturalizadas en los Estados Unidos y sujetas a su jurisdicción, son ciudadanos de los Estados Unidos y del Estado en el que residen. Ningún Estado podrá dictar ni dar efecto a cualquier ley que limite los privilegios o inmunidades de los ciudadanos de los Estados Unidos, ni ningún Estado privará a ninguna persona de la vida, libertad o propiedad sin el debido proceso de ley, ni negará a cualquier persona que se encuentre de su jurisdicción la protección legal igualitaria.

Sección 2. Los representantes se distribuirán proporcionalmente entre los diversos Estados de acuerdo con su respectiva población, contando el número total de personas en cada Estado, excluyendo a los indios que no paguen contribuciones. Pero cuando a los habitantes varones de un Estado que tengan veintiún años de edad y sean ciudadanos de los Estados Unidos se les niegue o se les coarte en la forma que sea el derecho de votar en cualquier elección en que se trate de escoger a los electores para Presidente y Vicepresidente de los Estados Unidos, a los representantes del Congreso, a los funcionarios ejecutivos y judiciales de un Estado o a los miembros de su legislatura, excepto con motivo de su participación en una rebelión o en algún otro delito, la base de la representación de dicho Estado se reducirá en la misma proporción en que se halle el número de los ciudadanos varones a que se hace referencia, con el número total de ciudadanos varones de veintiún años del mencionado Estado.

Sección 3. Ninguna persona podrá ser Senador o Representante en el Congreso, ni elector para Presidente y Vicepresidente, ni desempeñará cargo civil o militar en los Estados Unidos o en cualquier Estado, si después de haber prestado juramento como miembro de Congreso, como funcionario de los Estados Unidos, como miembro de cualquier legislatura del Estado, o como funcionario ejecutivo o judicial de un Estado, para dar apoyo a la Constitución de los Estados Unidos, se hubiera involucrado en una insurrección o rebelión en contra de la misma o hubiera prestado ayuda o asistencia a sus enemigos. Pero por el voto de dos tercios de cada Cámara, el Congreso puede derogar esa prohibición.

Sección 4. Será incuestionable la validez de la deuda pública de los Estados Unidos autorizada por la ley, incluidas las deudas contraídas para el pago de las pensiones y recompensas por servicios prestados al sofocar insurrecciones o rebeliones. Pero ni los Estados Unidos ni ningún Estado asumirán ni pagarán deuda u obligación alguna contraída para ayuda de insurrecciones o rebeliones en contra de los Estados Unidos, como tampoco reclamación alguna con motivo de la pérdida o emancipación de esclavos, pues todas las deudas, obligaciones y reclamaciones de esa especie se considerarán ilegales y nulas.

Sección 5. El Congreso tendrá facultades para hacer cumplir las disposiciones de este artículo por medio de las leyes apropiadas.

Enmienda XV.
(Ratificada el 3 de febrero de 1870)

Sección 1. El derecho a votar de los ciudadanos de los Estados Unidos no será negado ni limitado por los Estados Unidos ni por Estado alguno por razón de raza, color o previa condición de servidumbre.

Sección 2. El Congreso tendrá facultades para hacer cumplir este artículo mediante leyes apropiadas.

Enmienda XVI.
(Ratificada el 3 de febrero de 1913)

El Congreso tendrá facultades para establecer y recaudar impuestos sobre los ingresos, sea cual fuere la fuente de los que provengan, sin prorratearlos entre los diferentes Estados y sin atender a ningún censo o recuento.

Enmienda XVII.
(Ratificada el 8 de abril de 1913)

El Senado de los Estados Unidos se compondrá de dos senadores por cada Estado, elegidos por el pueblo del mismo por seis años, y cada senador dispondrá de un voto. Los electores de cada Estado deberán poseer las condiciones requeridas para los electores de la rama más numerosa de la legislatura local. Cuando ocurran vacantes en la representación de cualquier Estado en el Senado, la autoridad ejecutiva de dicho Estado convocará a elecciones para completar dichas vacantes, teniendo en cuenta que la legislatura de cualquier Estado puede autorizar a su Ejecutivo a hacer un nombramiento provisional hasta tanto las vacantes se cubran mediante elecciones populares en la forma en que lo disponga la legislatura. Esta enmienda no será interpretada en modo alguno en que afecte la elección o el período de cualquier senador elegido antes de que adquiera validez como parte de la Constitución.

Enmienda XVIII.

(Ratificada el 16 de enero de 1919, y derogada el 5 de diciembre de 1933)

Sección 1. Un año después de la ratificación de este artículo quedará prohibida por el presente la fabricación, venta o transporte de licores embriagantes dentro de los Estados Unidos y de todos los territorios sometidos a su jurisdicción, así como su importación o su exportación, con el propósito de usarlos como bebidas.

Sección 2. El Congreso y los diversos Estados tendrán facultades concurrentes para hacer cumplir este artículo mediante leyes apropiadas.

Sección 3. Este artículo no tendrá efecto a menos que haya sido ratificado como una enmienda a la Constitución por las legislaturas de los diversos Estados, conforme a lo dispuesto en la Constitución, dentro de los siete años posteriores a la fecha en que el Congreso lo someta a los Estados.

Enmienda XIX.
(Ratificada el 18 de agosto de 1920)

El derecho de los ciudadanos de los Estados Unidos a votar no será negado ni limitado por razón de sexo por los Estados Unidos o por Estado alguno.
El Congreso tendrá facultades para hacer cumplir este artículo mediante leyes apropiadas.

Enmienda XX.
(Ratificada el 23 de enero de 1933)

Sección 1. Los períodos del Presidente y del Vicepresidente terminarán al mediodía del día 20 de enero, y el de los Senadores y Representantes al mediodía del 3 de enero, de los años en que dichos períodos hubieran terminado si este artículo no hubiera sido ratificado, y en esos momentos comenzarán los períodos de sus sucesores.

Sección 2. El Congreso se reunirá por lo menos una vez al año, y esa sesión comenzará al mediodía del día 3 de enero, a menos que por ley se fije una fecha diferente.

Sección 3. Si el Presidente electo hubiera muerto en el momento fijado para el comienzo del período presidencial, el Vicepresidente electo será Presidente. Si antes del momento fijado para el comienzo de su período no se hubiere elegido Presidente o si el Presidente electo no cumplimentara los requisitos exigidos, entonces el Vicepresidente electo fungirá como Presidente electo hasta que haya un Presidente idóneo, y el Congreso podrá prever por medio de una ley el caso de que ni el Presidente electo ni el Vicepresidente electo satisficieran los requisitos, declarando quién hará las veces de Presidente en ese supuesto o la forma en que se escogerá a la persona que habrá de actuar como tal, y la referida persona actuará con ese carácter hasta que se cuente con un Presidente o un Vicepresidente que reúna las condiciones legales.

Sección 4. El Congreso podrá prever mediante una ley el caso de que muera cualquiera de las personas entre las cuales la Cámara de Representantes está facultada para elegir Presidente cuando le corresponda el derecho de elección, así como el caso de que muera alguna de las personas entre las cuales el Senado está facultado para escoger Vicepresidente cuando recae sobre éste el derecho de elegir.

Sección 5. Las Secciones 1 y 2 entrarán en vigor el día 15 de octubre posterior a la ratificación de este artículo.

Sección 6. Este artículo no tendrá vigor hasta no ser ratificado como una enmienda a la Constitución por las legislaturas de las tres cuartas partes de los distintos Estados, en el plazo de siete años posteriores a la fecha de su presentación.

Enmienda XXI.
(Ratificada el 5 de diciembre de 1933)

Sección 1. Queda derogado el decimoctavo artículo de enmienda a la Constitución de los Estados Unidos.

Sección 2. Se prohíbe por el presente que se transporten o importen licores embriagantes a cualquier Estado, Territorio o posesión de los Estados Unidos, para ser entregados o utilizados en su interior con violación a sus respectivas leyes.

Sección 3. Este artículo no tendrá vigor hasta tanto no haya sido ratificado como una enmienda a la Constitución por convenciones en los diferentes Estados, conforme a lo dispuesto por esta Constitución, dentro de los siete años posteriores a la fecha en que el Congreso lo someta a los Estados.

Enmienda XXII.
(Ratificada el 27 de febrero de 1951)

Sección 1. Ninguna persona podrá ser elegida para el cargo de Presidente más de dos veces, y ninguna persona que haya ocupado el cargo de Presidente, o actuó como Presidente por más de dos años durante un período en el que otra persona fue elegido Presidente podrá ser elegido para el cargo de Presidente más de una vez. El presente artículo no se aplicará a la persona que ocupaba el puesto de Presidente cuando el mismo se propuso en el Congreso, ni impedirá que la persona que desempeñe dicho cargo o que actúe como Presidente durante el período en que el mencionado artículo entre en vigor, desempeñe el puesto de Presidente o actúe como tal durante el resto del referido período.

Sección 2. Este artículo no tendrá vigor hasta tanto no haya sido ratificado como una enmienda a la Constitución por las legislaturas de las tres cuartas partes de los distintos Estados, dentro de los siete años posteriores a la fecha en que el Congreso lo someta a los Estados.

Enmienda XXIII.
(Ratificada el 29 de marzo de 1961)

Sección 1. El distrito que constituye la sede del Gobierno de los Estados Unidos nombrará, según disponga el Congreso:
Un número de electores para elegir al Presidente y al Vicepresidente, igual al número total de Senadores y Representantes ante el Congreso al que el Distrito tendría derecho si fuere un Estado, pero en ningún caso dicho número será mayor que el del Estado de menos población; estos electores se sumarán al número de aquellos electores nombrados por los Estados, pero para fines de la elección del Presidente y del Vicepresidente serán considerados como electores nombrados por un Estado; celebrarán sus reuniones en el Distrito y cumplirán con los deberes que se estipulan en la Enmienda XII.

Sección 2. El Congreso tendrá facultades para hacer cumplir este artículo mediante leyes apropiadas.

Enmienda XXIV.
(Ratificada el 23 de enero de 1964)

Sección 1. El derecho de los ciudadanos de los Estados Unidos a votar en cualquier elección primaria o de otra índole para Presidente o Vicepresidente, para electores de Presidente o Vicepresidente, o para Senador o Representante en el Congreso, no será negado ni limitado por los Estados Unidos ni por ningún Estado en razón de falta de pago de cualquier impuesto de electoral u otro impuesto.

Sección 2. El Congreso tendrá facultades para hacer cumplir este artículo mediante leyes apropiadas.

Enmienda XXV.
(Ratificada el 10 de febrero de 1967)

Sección 1. En el caso de remoción del Presidente de su cargo o de muerte o renuncia, el Vicepresidente será nombrado Presidente.

Sección 2. Cuando el puesto de Vicepresidente estuviera vacante, el Presidente nombrará un Vicepresidente que tomará posesión de su cargo al ser confirmado por voto mayoritario de ambas Cámaras del Congreso.

Sección 3. Cuando el Presidente transmitiera al Presidente provisorio del Senado y al Presidente de Debates de la Cámara de Diputados su declaración escrita de que está imposibilitado de desempeñar los derechos y deberes de su cargo, y mientras no transmitiere a ellos una declaración escrita en sentido contrario, tales derechos y deberes serán desempeñados por el Vicepresidente como Presidente en funciones.

Sección 4. Cuando el Vicepresidente y la mayoría de los principales funcionarios de los departamentos ejecutivos o de cualquier otro cuerpo que el Congreso autorizara por ley trasmitieran al Presidente provisorio del Senado y al Presidente de Debates de la Cámara de Diputados su declaración escrita de que el Presidente está imposibilitado de ejercer los derechos y deberes de su cargo, inmediatamente el Vicepresidente asumirá los derechos y deberes del cargo como Presidente en funciones.

Por consiguiente, cuando el Presidente transmitiera al Presidente provisorio del Senado y al Presidente de Debates de la Cámara de Diputados su declaración escrita de que no existe imposibilidad alguna, asumirá de nuevo los derechos y deberes de su cargo, a menos que el Vicepresidente y la mayoría de los funcionarios principales de los departamentos ejecutivos o de cualquier otro cuerpo que el Congreso hubiera autorizado por ley, transmitieran en el término de cuatro días al Presidente provisorio del Senado y al

Presidente de Debates de la Cámara de Diputados su declaración escrita de que el Presidente está imposibilitado de ejercer los derechos y deberes de su cargo. Luego entonces, el Congreso decidirá qué solución debe adoptarse, para lo cual se reunirá en el término de cuarenta y ocho horas, si no estuviera en sesión. Si el Congreso, dentro de los veintiún días posteriores a recibir la declaración escrita o si el Congreso no estuviera en sesión, dentro de veintiún días de haber sido convocado a reunirse, determinara por voto de dos tercios de ambas Cámaras que el Presidente no cumple los requisitos para ejercer los derechos y deberes de su cargo, el Vicepresidente continuará desempeñando el cargo como Presidente en funciones. De lo contrario, el Presidente asumirá nuevamente los poderes y deberes de su cargo.

Enmienda XXVI.
(Ratificada el 1 de julio de 1971)

Sección 1. El derecho a votar de los ciudadanos de los Estado Unidos de dieciocho años o más, no será negado o menguado ni por los Estados Unidos ni por ningún Estado a causa de la edad.

Sección 2. El Congreso tendrá facultades para hacer cumplir este artículo mediante leyes apropiadas.

Enmienda XXVII.
(Presentada el 25 de septiembre de 1789; Ratificada el 7 de mayo de 1992)

Ninguna ley que modifique la remuneración de los servicios de los senadores y representantes tendrá efecto hasta después de haberse realizado una elección de representantes.

ABOUT TEA PARTY NEWS BRIEF, LLC

Tea Party News Brief, LLC is the nation's first nonpartisan news service for the Conservative Movement with an animated news program, Tea Party News Brief, and animated news anchor, Ava. The mission of the Tea Party News Brief is to create a digital platform for the distribution of conservative political news, views, and commentaries utilizing animation technology.

TeaPartyNewsBrief.com is the corporate website for the Tea Party News Brief. The website provides hourly news updates, daily political commentaries, and weekly policy analyses for the Conservative Movement. The animated news program can be seen on the website.

Dr. Jessica Davis, the Executive Producer of the Tea Party News Brief animated series, is the President and Senior Policy Analyst for the Tea Party News Brief, LLC. In 2008, Dr. Davis launched a 30 city media tour for the presidential campaign as a political commentator. In 2007, Dr. Davis ran a nonpartisan campaign as a candidate for Mayor of Carbondale, Illinois. In 1999, Dr. Davis ran a campaign as a candidate for Mayor of Baltimore, Maryland.

Dr. Davis earned a B.A. from Franklin and Marshall College in Lancaster, Pennsylvania, M.Div. from Boston University School of Theology in Boston, Massachusetts, J.D. from Boston University School of Law in Boston, Massachusetts, D.Min. from United Theological Seminary in Dayton, Ohio, and A.B.D. from Southern Illinois University in Carbondale, Illinois.

Tea Party News Brief is a Limited Liability Corporation in Des Moines, Iowa. The corporate office is located in the West Glen Town Center on 5550 Wild Rose Lane in West Des Moines.

ACERCA DEL RESUMEN DE NOTICIAS DEL TEA PARTY, LLC

El Resumen de Noticias del Tea Party LLC, es el primer servicio de prensa no partidario del Movimiento Conservador con un dinámico programa de noticias, el Resumen de Noticias del Tea Party, y un reportero de noticias de animado, Ava. La misión del Resumen de Noticias del Tea Party es la creación de una plataforma digital para la distribución de las noticias políticas, opiniones y comentarios conservadores, utilizando la tecnología de la animación.

TeaPartyNewsBrief.com es el sitio web corporativo del Resumen de Noticias del Tea Party. El sitio ofrece a cada hora actualizaciones de noticias, comentarios políticos diarios y análisis semanales de política sobre el Movimiento Conservador. El programa de noticias animado puede verse en la página web.

La doctora Jessica Davis, productora ejecutiva de las series animadas del Resumen de Noticias del Tea Party, es la presidente y analista política senior del Resumen de Noticias del Tea Party, LLC. En 2008, la doctora Davis inició una gira por los medios de comunicación de 30 ciudades como comentarista política para la campaña presidencial. En 2007, Davis realizó una campaña no partidista para el cargo de alcalde de Carbondale, Illinois. En 1999, Davis realizó una campaña para alcalde de Baltimore, Maryland.

Jessica Davis obtuvo una licenciatura en el Franklin y Marshall College de Lancaster, Pensilvania; una maestría en Teología en la Escuela de Teología de la Universidad de Boston, Massachusetts; un doctorado en leyes en la Escuela de Leyes de la Universidad de Boston, Massachusetts; un doctorado en ministerio en el Seminario Teológico Unido en Dayton, Ohio; y un ABD de la Universidad del Sur de Illinois en Carbondale, Illinois.

El Resumen de Noticias del Tea Party es una Sociedad de Responsabilidad Limitada ubicada en Des Moines, Iowa. La oficina corporativa se encuentra en el West Glen Town Center, Wild Rose Lane 5550, West Des Moines.

CITIZEN RESPONSE FAX SERVICE
&
CITIZEN RESPONSE POSTCARD SERVICE

Send your Conservative Message to Congress
www.TeaPartyNewsBrief.com

SERVICIO DE FAX DE RESPUESTA CIUDADANA
&
SERVICIO POSTAL DE RESPUESTA CIUDADANA

Envíe su mensaje Conservador al Congreso
www.TeaPartyNewsBrief.com

DAILY CONSERVATIVE NEWS
Follow Tea Party News Brief
www.Twitter.com/TPNewsBrief

NOTICIAS DIARIAS CONSERVADORAS
Siga el Resumen de Noticias del Tea Party
www.Twitter.com/TPNewsBrief

TEA PARTY NEWS BRIEF MOBILE APPS
Now Available on
www.USDebtWarningSystem.com

**APLICACIONES MÓVILES DEL RESUMEN
DE NOTICIAS DEL TEA PARTY**
Ahora disponible en
www.USDebtWarningSystem.com

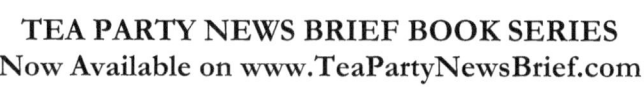

TEA PARTY NEWS BRIEF BOOK SERIES
Now Available on www.TeaPartyNewsBrief.com

SERIE DE LIBROS DEL RESUMEN DE NOTICIAS DEL TEA PARTY
Ahora disponible en www.TeaPartyNewsBrief.com

@TPNewsBrief
Tea Party News Brief, LLC
Des Moines, Iowa